幸せを引き寄せる

パワーストーン 実践BOOK

組み合わせ&
使いこなしの基礎と応用

オンブリーズ代表
中園康弘 監修

Mates-Publishing

はじめに

　毎日お客様と接していると、「パワーストーンって何ですか?」という質問をいただくことがあります。そういう時は「心のサプリメントのようなものです。」とお答えしています。例えば、カルシウムが十分に足りている人がサプリメントを毎日飲み続けると、過剰摂取となり、体に不調をきたしてしまうことがあります。同じようにパワーストーンも、もう十分なところのエネルギーを補おうとしても、なかなか気が合いません。まずは自分に足りていないもの、マインドが欲しがっているものは何か、心の声に耳をすませてみてください。そして、この本を開けば、今の自分に一番合ったパワーストーンが見つかると思います。

　この本では、パワーストーン同士の相性を整理し、組み合わせたときの美しさも大切に、石の持つエネルギーと組み合わせによる相乗効果をご紹介しています。日々の生活の中で、複雑な状況に陥ってしまったり、不安から物事を真っ直ぐ見られなくなったりすることがあります。残念ながら、パワーストーンにはそのような状況を、瞬間的に変えてくれる魔法のような力はありません。でも「自分を変えたい」、「何とかあの人と恋人同士になりたい」、「今の状況から脱け出したい」、などの思いでパワーストーンを身に着けようと、本を手に取って効果を調べ、お店に足を運ぶ。そのように、実際に行動を起こしたという事実と信念が、必ず幸せにつながって行くのだと思います。

　お客様へパワーストーンをお渡しするとき、必ずお伝えさせて頂くことがあります。それは、「パワーストーンを作ったときの気持ちをいつまでも忘れないでくださいね」というものです。何故、このパワーストーンを身に着けたいと思ったのか、どんな自分になりたくて、どんな未来を目指したくて手にしたのか、その想いを忘れずに過ごしていただきたいのです。日常的に愛用するにあたって、

いつも初心と感謝を忘れずにいれば、パワーストーンはあなたの疲れた心を癒し、心をシンプルに整理し、打開策を見つけるヒントになってくれることでしょう。

　最後になりましたが、この本を発行させていただくにあたり、ご協力いただきましたたくさんの方々にお礼申し上げます。長年の経験から得たメソッドを、全て詰め込んだ本に仕上がりました。お店に来られない方もこの本を通して、カウンセリングをしながら石を選んでいるような気持ちになっていただければと思います。そして、この本を手に取って下さった皆さまに心より感謝し、幸せな未来が訪れることをお祈り申し上げます。

中園康弘

目次

はじめに……………………………………………… 2
この本の使い方……………………………………… 6

恋愛運UP
アクアマリン………………………………………… 8
アメジスト…………………………………………… 10
インカローズ ………………………………………… 12
エメラルド…………………………………………… 14
クンツァイト………………………………………… 16
サードオニキス……………………………………… 18
ピンクエピドート…………………………………… 20
ピンクオパール……………………………………… 22
ムーンストーン……………………………………… 24
モルガナイト………………………………………… 26
ルビー………………………………………………… 28
ローズクォーツ……………………………………… 30
[コラム] 浄化について …………………………… 32

金運UP
アラゴナイト………………………………………… 34
琥珀…………………………………………………… 36
シトリン……………………………………………… 38
翡翠…………………………………………………… 40
ルチルクォーツ……………………………………… 42
[コラム] そこが知りたいQ&A ………………… 44

仕事運UP
アイオライト………………………………………… 46
カイヤナイト………………………………………… 48
サファイア…………………………………………… 50
ソーダライト………………………………………… 52
タイガーアイ………………………………………… 54
ハイパーシーン……………………………………… 56
[コラム] 珍しい!レアストーン特集 …………… 58

人間関係運UP
アマゾナイト………………………………………… 60
アメトリン…………………………………………… 62
ブラックスピネル…………………………………… 64
ブルーカルセドニー………………………………… 66
ブルーレース………………………………………… 68
ロードナイト………………………………………… 70
[コラム] パワーストーンのプロが教えるちょっとした話1…… 72

癒し

アパタイト ·· 74

クリソプレーズ ·· 76

セラフィナイト ·· 78

チャロアイト ··· 80

ハウライト ··· 82

プレナイト ··· 84

ラリマー ··· 86

[コラム] そこが知りたい Q&A ··· 88

厄除け

ターコイズ ··· 90

天眼石 ··· 92

ラピスラズリ ·· 94

水晶 ··· 96

オニキス ··· 98

[コラム] パワーストーンと配置の不思議 ···························· 100

健康運UP

アベンチュリン ·· 102

スモーキークォーツ ·· 104

ブラックトルマリン ·· 106

[コラム] そこが知りたい Q&A ··· 108

勉強・スポーツ・勝負UP

ガーネット ··· 110

カーネリアン ·· 112

サンストーン ·· 114

ヘマタイト ··· 116

フローライト ·· 118

[コラム] パワーストーンのプロが教えるちょっとした話2··· 120

もっとスピリチュアルに

スギライト ··· 122

ラブラドライト ·· 124

さくいん ··· 126

この本の使い方

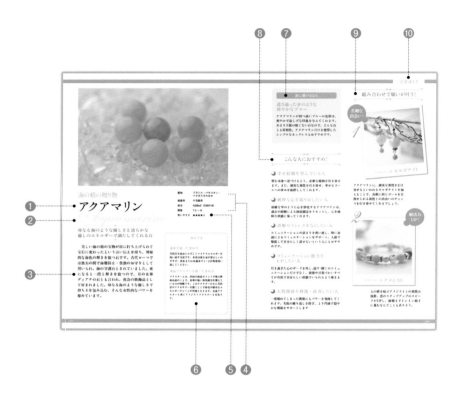

① パワーストーン名

② 英名

③ それぞれの石の意味や効果、パワーについてご紹介しています。

④ 鉱物データ：産地については代表的なものを記しています。また、結晶系・成分は略式で紹介しています。

⑤ 買いやすさ：価格によって買いやすさを☆ひとつから5つで記しています。☆の数が**多いほど、買いやすい**（価格設定の低い）商品です。

⑥ 浄化方法：それぞれの石に適した浄化方法を記しています。＊浄化のしかたは32ページ参照

⑦ アクセサリーとして身に着ける際のアドバイスなどを記しています。

⑧ 各カテゴリーで記した効果やパワーと合わせて、石が秘めている力をもとに、こんな人にもおすすめ！をご紹介しています。

⑨ 他のパワーストーンと組み合わせると、こんな願い事に効果がある！という代表的な例を2つご紹介しています。

⑩ パワーストーンが主に効果を発揮する事柄で分けてご紹介しています。

恋愛運UP

恋の状況を好転させるパワーストーン。
恋愛運を高め、愛に包まれた
幸せな人生へ導きます。

海の精の贈り物

アクアマリン

Aquamarine

母なる海のような優しさと清らかな癒しのエネルギーで満たしてくれる石

　美しい海の精の宝物が浜に打ち上げられて宝石に変わったという言い伝えを持ち、神秘的な海色の輝きを放つ石です。古代ローマでは漁夫の間で海難防止・豊漁のお守りとして用いられ、海の守護石とされていました。夜になると一段と輝きを放つので、月の女神ディアナの石とも言われ、夜会の装飾品として好まれました。母なる海のような優しさで持ち主を包み込む、そんな女性的なパワーを秘めています。

産地	ブラジル・パキスタン・マダガスカルほか
結晶系	六方晶系
成分	$Be_3Al_2Si_6O_{18}$
硬度	7.5～8
買いやすさ	★★★★☆

浄化方法

流水を使った浄め方

天然石を流水にかざしてマイナスエネルギーを洗い流す方法です。本当は湧き水が望ましいのですが、浄水または水道水で1～2分程度洗い流してください。

水晶クラスターを使った浄め方

クラスターとは沢山の結晶ポイントが集まる群晶水晶のことで、自身が強い浄化能力を備えているのが特徴です。このクラスターの上に天然石やアクセサリーを置くことで浄化や簡単なエネルギーチャージが可能となります。水晶クラスターと共にアメジストクラスターも有名です。

透き通った水のような 爽やかなブルー

アクアマリンが持つ淡いブルーの色彩は、爽やかで涼しげな印象を与えてくれます。あまり主張の強くない石なので、どんな石とも好相性。アクアマリンだけを使用したシンプルなネックレスもおすすめです。

こんな人におすすめ！

🌙 幸せな結婚を望んでいる人

望む未来へ近づけるよう、必要な援助を引き寄せます。また、誠実な異性を引き寄せ、幸せなゴールへの歩みを後押ししてくれます。

🌙 純粋な心を取り戻したい人

清廉な雫のように心を浄化するアクアマリンは、過去の経験による固定観念をリセットし、心を純粋な状態に保ってくれます。

🌙 誤解やストレスをなくしたい人

コミュニケーションの詰まりを洗い流し、特に会話によるコミュニケーションをサポート。人前で緊張して自分らしく話せないという人にもおすすめです。

🌙 コミュニケーション能力を UPしたい人

行き過ぎた心のガードを外し、話す・聞くのコミュニケーションだけでなく、表情や言葉づかいすべてが自然で自分らしい状態でいられるよう導きます。

🌙 人間関係を修復・改善したい人

一度壊れてしまった関係にもパワーを発揮してくれます。失敗の繰り返しを防ぎ、より円満で穏やかな関係をサポートします

組み合わせで願いが叶う！

真剣な
出会い！

1

アクアマリン ＋ モルガナイト

アクアマリンに、誠実な異性を引き寄せるといわれるモルガナイトを加えることで、真剣に同じゴールを目指せる異性との出会いのチャンスを引き寄せてくれるでしょう。

婚活力
UP！

2

アクアマリン ＋ アメジスト

人の絆を結ぶアメジストとの相性は抜群。恋のステップアップのスピードがUPし、結婚までトントン拍子に進むなんてこともありそう。

人生の悪酔いを避ける石

アメジスト

Amethyst

産地	ブラジルほか
結晶系	六方晶系
成分	SiO₂
硬度	7.0
買いやすさ	★★★★☆

ネガティブエネルギーを解消し、心の傷を癒してくれる

　浄化の色である青と、エネルギーの色である赤を併せ持つアメジストは、様々なパワーを秘めた美しくも妖しい石です。ギリシア神話の中では、美しい女官の生まれ変わりが、このアメジストだとされています。月の女神が彼女をアメジストに変えて、彼女を襲おうとした酒神バッカスから守ったのです。このことからアメジストは「人生の悪酔いを避ける石」と言われるようになりました。また愛の絆を強めて、二人の関係を守ってくれる愛のお守りとしての一面も持つ愛の石です。

浄化方法

お香やハーブで燻すスマッジング

アクセサリーを浄化用のお香や乾燥ハーブの煙にかざして浄化を行います。浄化用にはホワイトセージという乾燥ハーブが最も浄化効果が高くお奨めです。簡易的な代用品として、お仏壇用のお線香を使用しても構いません。

水晶クラスターを使った浄め方

クラスターとは沢山の結晶ポイントが集まる群晶水晶のことで、自身が強い浄化能力を備えているのが特徴です。このクラスターの上に天然石やアクセサリーを置くことで浄化や簡単なエネルギーチャージが可能となります。水晶クラスターと共にアメジストクラスターも有名です。

大人の華やかさを演出!

艶やかな藤色の色彩を持つアメジストは、上品で落ち着いた大人の雰囲気をプラスしてくれます。シックな石なので、フォーマルな装いにも無理なく馴染みます。2月の誕生石なので、プレゼントなどにも喜ばれそう。

こんな人におすすめ!

🌙 芸術性・インスピレーションを高めたい人

美意識を刺激するアメジストは、ひらめきやインスピレーションをもたらし、まだ眠っているセンスを引き出します。

🌙 トラウマを解消したい人

心の底にこびりついてしまった感情の傷を癒し、新しくスタートできる状態へ導いてくれます。

🌙 安眠のお守りが欲しい人

ヨーロッパでは古くより「アメジストは悪夢を払う」といわれ、安眠を妨げるネガティブエネルギーや不安定な感情を解消してくれます。

🌙 人間関係の絆を強めたい人

人と人を結ぶパワーを放ち、新しい出会いだけでなく、夫婦やパートナーとの結びつきを強め、絆を強固にしてくれます。

🌙 心にゆとりが欲しい人

激情を鎮めるアメジストと心を通わせると、思考が整理され、大きな問題と感じていたことが実は取るに足らないことだったなど、「気づき」を促してくれます。

組み合わせで願いが叶う!

出会いのチャンス!

1

アメジスト ＋ ローズクォーツ

ともに愛情を集め恋を呼ぶアメジストとローズクォーツは、出会い運UPの名コンビ。新しいチャンスをどんどん引き寄せ、恋の成就へつなげます。

絆を深める

2

アメジスト ＋ ルビー

パートナーとの絆を深めるアメジストに、情熱を高め、豊かな愛のオーラで絆を守るルビーを加えることで、二人の絆はより確かなものに。

愛に満ちたバラ色の宝石

インカローズ

Incarose

産地	ペルー、アルゼンチンほか
結晶系	六方晶系
成分	$Mn[CO_3]$
硬度	★ 3.5 〜 4
買いやすさ	★★★☆☆

「ソウルメイト」を引き寄せる力を持ち、永遠のパートナーにめぐり逢える

　美しいピンクの色彩を持つインカローズは、別名ロードクロサイト、ギリシャ語で「バラ色の宝石」を意味します。その見た目に相応しく「運命の人を引き寄せ、バラ色の人生へ導く」という言い伝えを持ち、恋愛において最強のパワーストーンだと言われています。火のゆらめきにも似た縦縞の模様を持つこの石は、何事に対しても意欲的に取り組むように持ち主を勇気付ける力を宿しています。また縞模様のないローズ色のものは高値で取引され、年々採掘量が減り続けている貴重な石でもあります。

浄化方法

お香やハーブで燻すスマッジング

アクセサリーを浄化用のお香や乾燥ハーブの煙にかざして浄化を行います。浄化用にはホワイトセージという乾燥ハーブが最も浄化効果が高くお奨めです。簡易的な代用品として、お仏壇用のお線香を使用しても構いません。

水晶クラスターを使った浄め方

クラスターとは沢山の結晶ポイントが集まる群晶水晶のことで、自身が強い浄化能力を備えているのが特徴です。このクラスターの上に天然石やアクセサリーを置くことで浄化や簡単なエネルギーチャージが可能となります。水晶クラスターと共にアメジストクラスターも有名です。

桜を思わせる柔らかなピンク色

日本人に良く似合う桜色をしたインカローズは、女性らしい華やかな雰囲気を演出してくれます。一般的にピンクが濃いものほど品質が高いとされており、美しいバラ色のものも見られます。

こんな人におすすめ！

● ポジティブになりたい人

外向きで活発なインカローズのエネルギーをあびると、心が「これから良いことがあるかも！」という状態になり、物事に対する恐れが解消されます。

● マンネリを解消したい人

内側から湧き出るような情熱を呼び覚まし、純粋な愛の感情を昂らせます。

● いつまでも若々しく 魅力的でありたい人

気持ちを躍動的な状態に保ち、情緒的なストレスからの回復を助け、若々しいメンタリティを維持してくれます。

● 新しい出会いを引き寄せたい人

「ソウルメイトを引き寄せる」との石言葉を持ち、縁ある人との出会いへ導いてくれます。

● やる気が出ない人

悲観的な思考や惰性を手放し、行動力を育てるインカローズは、物事に対して億劫になっている時にも有効です。

組み合わせで願いが叶う！

恋愛成就！
1
インカローズ ＋ ローズクォーツ

インカローズとローズクォーツのコンビネーションは、積極的なアプローチを助け、恋の成就を強力にプッシュしてくれます。

2
魅力を高める
インカローズ ＋ ピンクオパール

ピンクオパールとの組み合わせは、女性的なキュートさと小悪魔的なセクシーさを引き出し、さらに魅力を高めます。

クレオパトラを魅了した治癒の石

エメラルド
Emerald

産地	コロンビアほか
結晶系	六方晶系
成分	$Be_3Al_2Si_6O_{18}$
硬度	7.5 〜 8
買いやすさ	★★☆☆☆

心身をパワーアップさせ、勇気と行動力を引き出す

　鮮やかな色彩はまるで高貴な女王のようで、その深みのある輝きは静かな湖を思わせるエメラルド。四大宝石の一つにも数えられるこの石は、その美しさからクレオパトラまでを魅了し、古代から重宝されてきました。強いヒーリング効果を持つとされ、様々な病気の治療石として知られています。愛情を誠実に守り通す能力を授けてくれるので、誰かの世話や看護をしている人に最適な石と言えるでしょう。

浄化方法

お香やハーブで燻すスマッジング

アクセサリーを浄化用のお香や乾燥ハーブの煙にかざして浄化を行います。浄化用にはホワイトセージという乾燥ハーブが最も浄化効果が高くお奨めです。簡易的な代用品として、お仏壇用のお線香を使用しても構いません。

流水を使った浄め方

天然石を流水にかざしてマイナスエネルギーを洗い流す方法です。本当は湧き水が望ましいのですが、浄水または水道水で1〜2分程度洗い流してください。

身に着けるなら

知性と女性らしさを引き立てる鮮やかなグリーン

知的でスタイリッシュな中にも女性らしさを秘めた、新緑のようなグリーンのエメラルド。大人の女性にふさわしいエレガントな輝きがあります。色彩を引き立てるため、水晶やシルバーでシンプルにまとめるのがおすすめ。

こんな人におすすめ！

◗ 行動力が欲しい人

気持ちが後ろ向きだったり、諦めやすい人におすすめです。自身の中に眠っている可能性が刺激され、一歩踏み出す勇気を授けてくれます。

◗ パートナーの浮気を防止したい人

恋のトラブルを遠ざけ、二人の関係にネガティブな存在をブロックします。またお互いへの思いやりや配慮、信頼感を高め、より良い関係へ導いてくれます。

◗ 慢性的な疲れを取り除きたい人

ジワジワと浸透していくような深いヒーリングエネルギーを放ち、凝り固まった精神的な疲労に働きかけます。

◗ 目標を達成したい人

自己の中に使命を見出し、思考をクリアに整えます。同時に勇気と行動力を引き出し、目標の達成をサポートしてくれます。

◗ 困難を乗り越えたい人

固定観念を外す「気づき」の石でもあるエメラルドを持つと、物事がシンプルに感じられるでしょう。自分で作った能力の壁を外したい時にもおすすめです。

組み合わせで願いが叶う！

浮気防止！

1

エメラルド ＋ アメジスト

二人の関係をマイナスな存在から守る破魔の石エメラルドと、愛の守護石アメジストのパワーはパートナーの浮気防止にも効果的。

理想の家族に！

2

エメラルド ＋ 翡翠

エメラルドと翡翠はともに、家内安全・家庭円満にパワーを発揮してくれる石。家庭内を明るく照らし、トラブルから家族を守ります。

愛する喜びを教えてくれる石

クンツァイト
Kunzite

産地	ブラジル・マダガスカル・アメリカほか
結晶系	単斜晶系
成分	$LiAlSi_2O_6$
硬度	6.5 〜 7
買いやすさ	★★☆☆☆

愛情を注ぐことの大切さを気づかせ、思いやりの心を養ってくれる

　「カリフォルニア・アイリス」とも呼ばれる淡いピンクの結晶です。無限の愛と純粋性を象徴し、また怒りや悲しみなどの精神的苦痛を取り除く力を秘めています。

　恋愛に対する不安を拭い去り、相手に対し惜しみない愛を注ぎたい人、ストレスを抱えやすい人には特におすすめ。愛情を与えることの大切さを教え導いてくれる「師」として、いつも持っていたい石です。

浄化方法

お香やハーブで燻すスマッジング

アクセサリーを浄化用のお香や乾燥ハーブの煙にかざして浄化を行います。浄化用にはホワイトセージという乾燥ハーブが最も浄化効果が高くお奨めです。簡易的な代用品として、お仏壇用のお線香を使用しても構いません。

流水を使った浄め方

天然石を流水にかざしてマイナスエネルギーを洗い流す方法です。本当は湧き水が望ましいのですが、浄水または水道水で1〜2分程度洗い流してください。

身に着けるなら

女性らしさを引き立てる
可憐な輝き

淡いライラックピンクが、可憐な雰囲気を
演出します。透明度が高く、中に繊維が入っ
たような独特の質感は、他の宝石には見る
ことができません。優しく女性らしいイ
メージを求めている人にはぴったりのパ
ワーストーンです。

こんな人におすすめ！

🌙 コミュニケーション能力を
高めたい人

ハートを活性化し、マインドを広げてくれる石。
他人に対する寛容と優しさを引き出し、愛情のあ
るコミュニケーションをサポートします。

🌙 愛への信頼を取り戻したい人

「愛と慈愛の石」とも呼ばれるクンツァイトは、
過去の経験による魂レベルの傷さえも癒し、愛に
対する信頼を回復させてくれます。

🌙 優しさを引き出したい人

内に眠る女らしさを刺激し、思いやりや優しさと
いった大らかな気持ちを呼び起こします。

🌙 肉体と精神、
感情のバランスを保ちたい人

疲労でバランスを失った心身の状態を、本来のあ
るべき状態へ回復させ、エネルギーの循環を助け
ます。

🌙 他人を癒したい人

無限の愛の力と、地球から受け取った雄大なパ
ワーを秘めるクンツァイトは、エネルギーの伝導
を助けると言われ、人を癒すヒーラーやセラピス
トにも広く活用されています。

組み合わせで願いが叶う！

もっと
愛される

1

クンツァイト ＋ ローズクォーツ

愛を集めるクンツァイトとローズ
クォーツを身につけると、知らず知
らずのうちにたくさんの愛情が集
まってくるでしょう。

優しさを
高める

2

クンツァイト ＋ ピンクエピドート

ともに女らしさを刺激するピンクエ
ピドートとクンツァイト。思いやり
や慈愛を引き出し、優しさを高めて
くれます。

心をつなぐ愛の象徴

サードオニキス

Sardonyx

夫婦の幸福や結婚運、
愛を象徴する石として知られる石

産地	ブラジル・インド・中国ほか
結晶系	六方晶系（潜晶質）
成分	SiO_2
硬度	7
買いやすさ	★★★★★

縞模様が直線状になっているメノウのことをオニキスと言いますが、中でも赤褐色をしたものはサードオニキスと呼ばれます。「赤い爪」という意味を持つこの石は、夫婦の幸福や結婚運、愛の象徴とされ、人と人をつなぐキューピッドの役目をしてくれます。暖かな愛情に囲まれた人生を送りたいと考える人には強い味方です。また、健康運にも効果があり、家に置いておくだけで家族みんなの健康を守ってくれます。

浄化方法

塩を使った浄め方

自然塩（海塩よりも岩塩の方が良い）を木やガラスのケースに入れ、その中に一昼夜パワーストーンやアクセサリーを埋め込む方法です。その後取り出し流水で軽く流した後、やわらかな布で拭き取ります。

水晶クラスターを使った浄め方

クラスターとは沢山の結晶ポイントが集まる群晶水晶のことで、自身が強い浄化能力を備えているのが特徴です。このクラスターの上に天然石やアクセサリーを置くことで浄化や簡単なエネルギーチャージが可能となります。水晶クラスターと共にアメジストクラスターも有名です。

身に着けるなら

注目度アップ間違いなしの
ジューシーカラー

8月の誕生石としても知られるサードオニキスは、オレンジとホワイトの縞模様が特徴的です。見ているだけで元気になるようなジューシーカラーを身に着ければ、みんなの注目の的になるはず。

こんな人におすすめ！

◗ 真の友情が欲しい人

直感力を刺激するサードオニキスは、自身にとって本当の意味で誠実であり、縁ある人間を見抜く力を授けてくれます。

◗ パートナーとの絆を深めたい人

恋人や夫婦の結びつきを強め、諍いやトラブルから守り、大切な人との絆を育みます。

◗ 強い意志をもちたい人

サードオニキス特有の縞模様には、意志を強化し目標をやり遂げる精神的な強さを養うパワーがあるといわれます。

◗ 他人の悪意から身を守りたい人

とても強い保護力をもつサードオニキスは、外部のネガティブエネルギーをはね返し、精神的なバリアを張ってくれます。

◗ 勉強のお守りが欲しい人

層状に連なった縞模様には持ち主の本来の根気と持続力を開花させるパワーがあり、ここぞという時に身につけると良いでしょう。

組み合わせで願いが叶う！

夫婦の絆

1

サードオニキス ＋ ムーンストーン

誠実な二人の関係を強めるサードオニキスに、想いの共有を助けるムーンストーンを組み合わせて、夫婦の絆をより強固にしてくれます。

2

関係を守る

サードオニキス ＋ アメジスト

トラブルを遠ざけ、ライバルを退けるアメジストとサードオニキスは、恋のお守りにぴったり。二人の関係を邪魔者から守ってくれます。

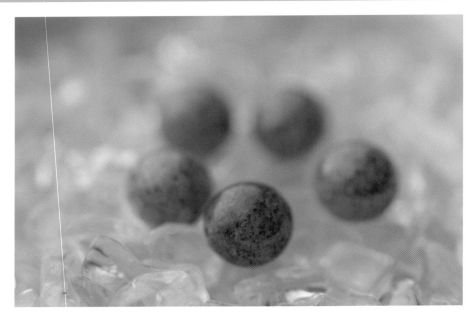

ピンクエピドート

Pink Epidote

産地	ブラジル・アフガニスタン・マダガスカルほか
結晶系	単斜晶系
成分	$Ca_2Fe^{3+}Al_2(Si_2O_7)(SiO_4)O(OH)$
硬度	6.5 ～ 7
買いやすさ	★★★☆☆

たくさんの愛と深くつながり、優しい心と魅力を育ててくれる

　エピドートは和名で「緑簾石」と呼ばれ、内包のインクルージョンが簾状にみえることから、その名がついています。

　中でもピンクエピドートは、内包マンガンの作用によりピンクの発色となっており、持ち主の精神を安定させ、ポジティブな気持ちを促してくれます。精神的な成長を助け、たくさんの愛と深く繋がり、優しい心と魅力を育てます。また眠っている魅力を開花させ、自信と気品を与えてくれるとも言われる石です。

浄化方法

お香やハーブで燻すスマッジング

アクセサリーを浄化用のお香や乾燥ハーブの煙にかざして浄化を行います。浄化用にはホワイトセージという乾燥ハーブが最も浄化効果が高くお奨めです。簡易的な代用品として、お仏壇用のお線香を使用しても構いません。

流水を使った浄め方

天然石を流水にかざしてマイナスエネルギーを洗い流す方法です。本当は湧き水が望ましいのですが、浄水または水道水で1～2分程度洗い流してください。

組み合わせで願いが叶う!

身に着けるなら

視線を集める
キュートなキャンディカラー

ストロベリークォーツにも間違えられるほど鮮やかなピンクカラーを持つこの石は、ブレスレットにするなら一連にするよりも、パステルカラーと組み合わせポイントでの使用がおすすめ!

魅力
UP!

1

ピンクエピドート ＋ インカローズ

湧き出るような女性的な魅力を引き出すインカローズとピンクエピドート。女性らしさだけでなく、小悪魔的な魅力も同時にUP!

こんな人におすすめ!

◑ 誰に対しても
思いやりをもちたい人

女性的で穏やかな感情を引き出すピンクエピドートは、過度に高まった激情を鎮め、広く大らかな心で他人と接することができるようサポートします。

◑ もっと女性らしくなりたい人

「女性を磨く石」といわれるピンクエピドートは、女性的な魅力を引き出し、自己への愛情を高めます。

◑ 感情のバランスを取りたい人

自由な発想を与えてくれ、自身を縛る「こうでなければならない」という観念から解放し、精神的なプレッシャーを解消してくれます。

◑ 癒されたい人

泉のように溢れ出て止まることのない愛のエネルギーは、自身を癒すだけでなく他者へも働きかけてくれるでしょう。

◑ 執着心を手放したい人

執着心を手放し、新しい環境や人間関係に対してハートを開きます。自由な発想を手助けし、これまで気づかなかった新たな発見を促します。

2

穏やかな
愛情

ピンクエピドート ＋ ローズクォーツ

恋の持続力を高めるローズクォーツとピンクエピドート。穏やかな愛情をもたらして、二人の関係を安定させてくれます。

感性を研ぎ澄ます『宝石の女王』

ピンクオパール
Pink Opal

産地	メキシコ・ブラジルほか
結晶系	非晶質
成分	$SiO_2・nH_2O$
硬度	5.5 ～ 6.5
買いやすさ	★★★☆☆

内在する魅力を引き出して
「愛される力」を高めてくれる

　別名「キューピッドストーン」と呼ばれる
ピンクオパールは、幸せと希望を象徴する神
の石として珍重されてきました。多くの水分
を含み、他のものに比べて硬度が低く、その
性質のためか思考を柔軟にする力があります。持ち主の感受性を研ぎ澄まし、新しいも
のの見方や考え方を開拓してくれるので、イ
ンスピレーションを高めたい時におすすめの
石です。その力は恋愛にも発揮され、二人の
関係を好転させるチャンスをもたらしてくれ
ます。

浄化方法

流水を使った浄め方

天然石を流水にかざしてマイナスエネルギーを
洗い流す方法です。本当は湧き水が望ましいの
ですが、浄水または水道水で1～2分程度洗い
流してください。

水晶クラスターを使った浄め方

クラスターとは沢山の結晶ポイントが集まる群
晶水晶のことで、自身が強い浄化能力を備えて
いるのが特徴です。このクラスターの上に天然
石やアクセサリーを置くことで浄化や簡単なエ
ネルギーチャージが可能となります。水晶クラ
スターと共にアメジストクラスターも有名です。

身に着けるなら

見る人の心をほぐす
ミルキーで優しいピンク

とろけるようなミルキーピンクが見る人の心を優しくほぐしてくれる、とても可愛らしい石です。アクセサリーに加えれば、キュートで優しい雰囲気を演出してくれます。いつまでも乙女心を忘れない、ロマンチックな女性にぴったり。

こんな人におすすめ！

☾ ネガティブ思考を直したい人

「心を明るく照らす希望の石」であるピンクオパールは、後ろ向きの思考を好転させ、ポジティブな精神状態へ導きます。

☾ 複雑な恋愛から脱却したい人

未来への不安感を解消し、明るい展望を見せるパワーがあり、気持ちを外へ向け、新たな可能性を引き寄せます。

☾ もっと自信をもちたい人

自己への行き過ぎた厳しさを手放し、自分自身の明るい側面へ目を向けられるよう手助けし、自信を育てます。

☾ 素直に人に甘えたい人

他者への信頼感を高め、計算などない、まるで子どものようにピュアな状態のハートへ導きます。

☾ 隠れた才能を引き出したい人

これまで見えていなかった部分へ光を向けるピンクオパールのパワーは、本人もまだ気づいていない潜在能力を刺激し、開花させます。

組み合わせで願いが叶う！

複雑愛

1

ピンクオパール ＋ アマゾナイト

恋に進展を生むピンクオパールと希望の石アマゾナイトは、泥沼状態の恋からの脱却にも効果的。こじれた関係を解きほぐし、幸せな未来へ後押しします。

2

恋愛状況
好転！

ピンクオパール ＋ ルビー

恋の状況を好転させるならピンクオパールとルビーのコンビネーションがおすすめ。変化を生み、二人の関係を明るい未来へ導きます。

心をつなぐ愛の象徴

ムーンストーン

Moonstone

産地	スリランカ・インド・マダガスカルほか
結晶系	単斜晶系
成分	$KAlSi_3O_8$
硬度	6 〜 6.5
買いやすさ	★★★★☆

優しく大らかな愛情で満たしてくれる

　その名の通り、月明かりのような光彩を放つムーンストーン。角度を変えるたびに浮かんでは消えゆくミルキーな光がとてもミステリアスです。その神秘的な輝きから月の魔力を宿しているといわれ、聖職者に好まれたスピリチュアルな石です。

　また、中世ヨーロッパでは恋人に贈ると愛が深まるという言い伝えがあり、愛の石であるとも言われています。

浄化方法

お香やハーブで燻すスマッジング

アクセサリーを浄化用のお香や乾燥ハーブの煙にかざして浄化を行います。浄化用にはホワイトセージという乾燥ハーブが最も浄化効果が高くお奨めです。簡易的な代用品として、お仏壇用のお線香を使用しても構いません。

水晶クラスターを使った浄め方

クラスターとは沢山の結晶ポイントが集まる群晶水晶のことで、自身が強い浄化能力を備えているのが特徴です。このクラスターの上に天然石やアクセサリーを置くことで浄化や簡単なエネルギーチャージが可能となります。水晶クラスターと共にアメジストクラスターも有名です。

身に着けるなら

ミステリアスな女性を演出

半透明の中に光が浮かび上がる姿は、ロマンチックで神秘的。派手な輝きはありませんが、淡い色彩とはベストマッチ。少し大きめのペンダントでも違和感なく着けられます。

こんな人におすすめ！

🌙 感受性・直感力を高めたい人

古来より月は女性の象徴でした。その月のエネルギーを受容するこの石は、思考を柔軟にし、感受性や直感力などの感性を高めます。

🌙 コミュニケーションが 上手になりたい人

持ち主を穏やかな愛情で満たし、愛情に基づく人間関係をサポートします。また特に「聞く」能力を高め、不要な衝突を防いでくれます。

🌙 遠距離恋愛のお守りが欲しい人

別名「恋人達の石」と呼ばれ、愛のつながりを確かなものにするとともに、愛情を高め会える時間の喜びを持続させるパワーがあります。

🌙 インスピレーションを高めたい人

第6感を刺激し、感性を高めるムーンストーンはまだ眠っている可能性を呼び起こし、スピリチュアルエネルギーの向上をもたらします。

🌙 子育てのお守りが欲しい人

母性の象徴でもあるムーンストーンは、より深い慈しみの感情と心の余裕を引き出し、まるで柔らかい光に包み込まれているかのような温もりと絶対的な安心感を与えてくれます。

組み合わせで願いが叶う！

遠距離
恋愛に

1

ムーンストーン ＋ アメジスト

恋人達の石ムーンストーンと、同じく愛の守護石アメジストは遠距離恋愛カップルにおすすめ。会えない時間の孤独を癒し、会ったときの喜びに変えてくれます。

2

子宝
パワー

ムーンストーン ＋ ピンクオパール

ともに生命エネルギーを活性化し、子宝運を高めるムーンストーンとピンクオパール。心身エネルギーを整え、赤ちゃんを迎える準備をしてくれるでしょう。

無条件の愛を呼び覚ます宝石

モルガナイト
Morganite

献身的な愛情を高め
誠実な相手との出会いを引き寄せる

産地	ブラジル・アメリカ・マダガスカルほか
結晶系	六方晶系
成分	$Be_3Al_2Si_6O_{18}$
硬度	7.5 ～ 8
買いやすさ	★★★★☆

　瑞々しい桃のような爽やかなクリアピンク色が特徴的なモルガナイト。どこまでも可憐なその外見から儚げな印象を受けますが、逆境に立ち向かう底力と真実を見抜く力を授けてくれるという頼もしい一面があります。効能としては愛の石として有名ですが、その愛情に押し付けがましさはなく、無条件の愛を心の奥底から呼び覚ましてくれると言われています。内に秘めた強さと無償の愛に満ち溢れたこの石は、まるで母の優しい面影を感じさせます。

浄化方法

お香やハーブで燻すスマッジング

アクセサリーを浄化用のお香や乾燥ハーブの煙にかざして浄化を行います。浄化用にはホワイトセージという乾燥ハーブが最も浄化効果が高くお奨めです。簡易的な代用品として、お仏壇用のお線香を使用しても構いません。

水晶クラスターを使った浄め方

クラスターとは沢山の結晶ポイントが集まる群晶水晶のことで、自身が強い浄化能力を備えているのが特徴です。このクラスターの上に天然石やアクセサリーを置くことで浄化や簡単なエネルギーチャージが可能となります。水晶クラスターと共にアメジストクラスターも有名です。

身に着けるなら

柔らかさを演出する
微かなピンクのきらめき

ベリル特有の美しいきらめきと、微かなピンクの色合いを兼ね備えた石です。手元や首回りに柔らかい表情をプラスしてくれます。小さめの石を使用した繊細なデザインがおすすめです。

こんな人におすすめ！

☽ 関係をステップアップさせたい人

打算のない無償の愛情を引き出すモルガナイトは、大切な相手との心のコミュニケーションを手助けし、未来への確かな歩みを後押ししてくれるでしょう。

☽ 誠実な恋人が欲しい人

愛の本質、絆の本質への気づきを促し、誠実な愛情で結ばれる恋人を引き寄せます。嘘のない安定した関係を望む方にもおすすめです。

☽ 女性らしい感情を高めたい人

柔軟、寛容、優美。そんな女性らしさを更に引き出すにはモルガナイトがぴったり。また過剰な心のガードをそっと外してくれます。

☽ イライラを鎮めたい人

高いヒーリングエネルギーでささくれ立った精神を癒すとともに、他者への理解を促し、特に価値観の違いからくる摩擦に対し、相手を受け入れる寛容さを養います。

☽ 精神のバランスを安定したい人

モルガナイトのヒーリングパワーは特に精神面に大きくパワーを発揮します。感情のバランス力を養い、心の防御力を高めてくれます。

組み合わせで願いが叶う！

誠実な恋人

1

モルガナイト ＋ インカローズ

出会いのチャンスをもたらし誠実な愛を引き寄せるモルガナイトとインカローズ。真に繋がれる素敵な恋人を引き寄せてくるでしょう。

トラウマからの脱却

2

モルガナイト ＋ クンツァイト

モルガナイトとクンツァイトには、過去の経験から傷ついた心のトラウマを癒し、新しい恋へ気持ちを向かわせてくれるパワーがあります。

権力者に愛される真紅の結晶

ルビー
Ruby

情熱と行動力、前進に必要な活力を 与え自分の魅力を高める石

　　まるで燃えさかる炎のような、真紅の結晶。ダイヤモンドが宝石の王様なら、ルビーは宝石の女王と言われます。勇気や情熱をつかさどる石であり、持ち主に豊かな愛情を引き寄せる力を備えています。古代ローマでは軍神マルスの力を宿した石とされ、時の皇帝や権力者に重宝されました。また強力な魔よけの力を持つこの石は、あらゆる災難を遠ざける護符として今でも世界各地で人気があります。ストーンヒーリングの分野でも高い評価を得る石です。

産地	ミャンマー・タイほか
結晶系	六方晶系（三方晶系）
成分	Al_2O_2
硬度	9
買いやすさ	★★☆☆☆

浄化方法

流水を使った浄め方

天然石を流水にかざしてマイナスエネルギーを洗い流す方法です。本当は湧き水が望ましいのですが、浄水または水道水で1〜2分程度洗い流してください。

水晶クラスターを使った浄め方

クラスターとは沢山の結晶ポイントが集まる群晶水晶のことで、自身が強い浄化能力を備えているのが特徴です。このクラスターの上に天然石やアクセサリーを置くことで浄化や簡単なエネルギーチャージが可能となります。水晶クラスターと共にアメジストクラスターも有名です。

身に着けるなら

柔らかな深みのある
チェリーレッド

ジュエリーとして非常に高い人気のあるルビー。透明度の高い、いわゆる宝石としてのルビーとは別の深みのあるチェリーレッドが魅力的です。モノトーンと合わせるとより大人っぽさとセクシーさを強調してくれます。

こんな人におすすめ！

🌙 マンネリを解消したい人

愛と情熱を刺激するルビーのエネルギーは、ワクワク・ドキドキという非日常な感情を呼び起こしてくれます。

🌙 仕事で成功したい人

やる気と勇気を持ち主に授け、目標を達成する実行力を引き出します。

🌙 もっと魅力的になりたい人

女性的な魅力を引き出し、感性を豊かにしてくれます。また感情を素直に表現する喜びを持ち主にもたらします。

🌙 人見知りを直したい人

萎縮しているハートを活性化し、人と繋がる喜びを呼び起こします。コミュニケーションを手助けし、意思の疎通をスムーズにしてくれます。

🌙 セクシーになりたい人

ルビーは嫌味のない自然な女性らしさを育む石です。優雅さと性的な魅力を同時に引き出し、豊な愛情をもたらします。

組み合わせで願いが叶う！

愛情独占！

1

ルビー ＋ ローズクォーツ

異性の視線を引き付けるルビーと、愛を集めるローズクォーツは、愛され力をぐんぐんUPしてくれる名コンビ。

マンネリ解消！

2

ルビー ＋ ムーンストーン

感性を刺激するルビーとムーンストーンは、普段と違った魅力をみせて、二人の関係に情熱を呼び起こします。

ヴィーナスの力を宿したクリスタル

ローズクォーツ

Rose Quartz

産地	ブラジル・マダガスカルほか
結晶系	六方晶系
成分	SiO_2
硬度	7
買いやすさ	★★★★★

美意識を高める
クリエイティブな仕事に携わる人にも

　愛と美の女神ヴィーナスの力を宿すと言われるローズクォーツは、ピンク色のクリスタル。ヴィーナスが海の泡から誕生したときに、浜辺に打ち上げられたバラの花びらがこの石に姿を変えたと言われています。古代エジプトやローマでは、この石が美容のために用いられた他、恋を叶えるお守りとして大切にされていたそうです。身につけるだけでその人の女性的な魅力を引き出してくれるでしょう。また美意識を高める力も備えています。

浄化方法

お香やハーブで燻すスマッジング

アクセサリーを浄化用のお香や乾燥ハーブの煙にかざして浄化を行います。浄化用にはホワイトセージという乾燥ハーブが最も浄化効果が高くお奨めです。簡易的な代用品として、お仏壇用のお線香を使用しても構いません。

流水を使った浄め方

天然石を流水にかざしてマイナスエネルギーを洗い流す方法です。本当は湧き水が望ましいのですが、浄水または水道水で1〜2分程度洗い流してください。

身に着けるなら

優しくフェミニンなピンクの輝き

ローズクォーツが持つ淡くフェミニンなピンクカラーは、「愛の石」といわれるのも納得の美しさ。繊細で可憐なイメージをプラスしたい方にはおすすめのジュエリーです。淡い色彩なので、同系色以外の石とも好相性です。

こんな人におすすめ！

◖ 恋を実らせたい人

想いの疎通を助けるローズクォーツは、恋愛成就のお守りにぴったりです。

◖ 寛大で優しくありたい人

思いやりの感情を高め、クッションのように柔軟な感性を養い、他者への寛容と慈愛の気持ちを呼び起こします。

◖ 心の傷を癒したい人

まるで母親の腕の中のような柔らかなヒーリングオーラを持つこの石は、心についた傷を優しく癒し、心を前向きに整えてくれます。

◖ 愛し愛されたい人

ローズクォーツは人を愛し、また大切にしたいと感じる喜びを呼び起こします。また豊かな愛情を引き寄せ、あなたのハートを満たしてくれるでしょう。

◖ もっとモテたい人

愛と美の女神「ヴィーナス」を象徴するローズクォーツ。持ち主の女性らしい魅力を存分に引き出すとともに親しみやすさを高め、異性のハートを引き寄せます。

組み合わせで願いが叶う！

愛の
再生！

1

ローズクォーツ ＋ アクアマリン

アクアマリンとローズクォーツは愛情を再生し、絆を修復してくれる恋の石。取り戻したい恋に悩んでいるときは、こちらがおすすめ。

2

モテ力
UP！

ローズクォーツ ＋ ピンクオパール

ともにモテ運UPのピンクオパールとローズクォーツ。外見だけでなく内面の美しさも引き出し、魅力をぐんぐん高めます。

浄化について

パワーストーンとは切っても切り離せない「浄化」。

*

浄化ってなあに？

ブレスレットやネックレスのように毎日身に付けるものは、1カ月に数回は行うことをお勧めします。パワーストーンは、身に着けた人によい影響をもたらす反面、周囲からの影響によって天然石本来の純粋なエネルギーが失われることもあります。「石が弱っている」「邪気を吸った」と言われる状態は、このようなエネルギーのやり取りを繰り返した結果です。浄化とは、石が受け取ってしまったストレスを、石本来の純粋なエネルギーに戻すためのものです。それぞれの石に合った浄化方法については、各ページでご紹介していますが、ここでは、それ以外の方法をご紹介します。

水晶さざれによる浄化

さざれ（細かくバラバラな状態）状にした水晶の上に、パワーストーンを置いて浄化する方法です。水晶にはエネルギーを活性化するパワーもあるため、浄化とともに、穏やかなパワーチャージ効果があります。

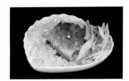

月光浴による浄化

新月〜満月の満ちていく月には、穏やかな浄化エネルギーが宿っています。月の光は宇宙からのエネルギーです。天然石にとって月の光に接することは、鉱物として誕生した瞬間に返ることができる癒しであり、同時に浄化にもなります。新月〜満月にかけて、雲のない夜に、月の光があたる場所に2〜3時間石を置くと良いでしょう。

セージスプレーによる浄化

浄化用セージの成分を抽出し、スプレーにしたものです。パワーストーンの浄化に使用するときは、30cmほど離れた場所からスプレーし、霧の中に石をくぐらせます。石の表面に液体が残った場合は、柔らかい布で拭いてあげると良いでしょう。スプレーは空間の浄化にもなり、ペットやお子様がいる家庭、旅行先のホテルでも気軽に浄化ができます。

金運UP

金運や財運を高めてくれます。
商売繁盛や事業成功、幸運を呼び寄せ
豊かさをもたらします。

繊細な精神を支える和み石
アラゴナイト
Aragonite

持ち主の魅力や潜在能力を高め
人気や信頼を得ることができる

産地	スペイン・オーストラリア・イギリスほか
結晶系	斜方晶系
成分	$Ca(CO_3)$
硬度	3.5 〜 4
買いやすさ	★★★★★

　1788年、スペインのリオ・アラゴンで発見されたこの石は、地名に由来してアラゴナイトと名付けられました。そのエネルギーは各方面に豊かさをもたらすと言われ、特に金運、人脈運を高めます。また高いヒーリング効果を持ち、過敏になり、落ち込みやすくなった心に柔軟性を与えてくれます。

　また時には「愛と友情の守護石」とも呼ばれ、対人関係での悩みにも有効です。繊細で感受性が高いがゆえに悩みを抱えやすい人をそっと包み込む、羽のような優しさに満ちた石と言えるでしょう。

浄化方法

お香やハーブで燻すスマッジング

アクセサリーを浄化用のお香や乾燥ハーブの煙にかざして浄化を行います。浄化用にはホワイトセージという乾燥ハーブが最も浄化効果が高くお奨めです。簡易的な代用品として、お仏壇用のお線香を使用しても構いません。

流水を使った浄め方

天然石を流水にかざしてマイナスエネルギーを洗い流す方法です。本当は湧き水が望ましいのですが、浄水または水道水で1〜2分程度洗い流してください。

身に着けるなら

もゆる山吹の命の輝き

鮮やかな山吹色が目を引くアラゴナイト。ここまで美しい発色の黄色は潔く、活き活きした印象を受けます。元気なビタミンカラーで統一すれば、見るだけで元気の出るアクセサリーとなるでしょう。

こんな人におすすめ！

心身の疲れを癒したい人

穏やかなバイブレーションをもつこの石は、精神と肉体の深い部分までに働きかけ、まるで入浴をしているようなリラックス状態へ導きます。

人脈を広げたい人

あらゆる物事の広がりを司るアラゴナイトは、特に人間関係においてその能力を発揮し、縁のある人脈を引き寄せます。

過労防止のお守りが欲しい人

アラゴナイトは本来のペースを回復させてくれる石。自分の限界以上に頑張りすぎて自己を見失いそうなときは、アラゴナイトのエネルギーとシンクロすると良いでしょう。

人気者になりたい人

心を明るい状態へ整え、自信を引き出します。自然と他者のつながりが増え、信頼を集めるようになるでしょう。

能力を発揮したい人

精神的な疲労をリセットし、本来の能力の発揮を助けます。

組み合わせで願いが叶う！

1 良い人脈が広がる

アラゴナイト＋シトリン

広がりを生むアラゴナイトにシトリンのパワーがプラスされ、金流を呼び込む人脈がどんどん広がります。

2 過労防止

アラゴナイト＋サードオニキス

疲労を癒すアラゴナイトと、不足のトラブルをブロックするサードオニキスは過労の防止にうってつけ。お仕事のお守りにぴったりです。

太古から贈られた神秘の結晶

琥珀
Amber

産地	ポーランド・ロシア・リトアニアほか
結晶系	非晶系
成分	$C_{10}H_{16}O + H_2S$
硬度	2 〜 2.5
買いやすさ	★★★☆☆

財をもたらし安定する繁栄の石

　生命力溢れる黄金色のこの石は、樹液が長い年月をかけて化石化したものです。何億年も前から地球の移り変わりを見守ってきたこの石は、強力な癒し効果と浄化作用を持っています。なにしろ琥珀は、ストーンヘンジや日本の古墳からも出土された過去を持つ石。古代から護符として絶大な信用を集めてきました。ヨーロッパでは琥珀をプレゼントすることは『幸福を贈る』という意味を表します。

浄化方法

お香やハーブで燻すスマッジング

アクセサリーを浄化用のお香や乾燥ハーブの煙にかざして浄化を行います。浄化用にはホワイトセージという乾燥ハーブが最も浄化効果が高くお奨めです。簡易的な代用品として、お仏壇用のお線香を使用しても構いません。

水晶クラスターを使った浄め方

クラスターとは沢山の結晶ポイントが集まる群晶水晶のことで、自身が強い浄化能力を備えているのが特徴です。このクラスターの上に天然石やアクセサリーを置くことで浄化や簡単なエネルギーチャージが可能となります。水晶クラスターと共にアメジストクラスターも有名です。

神秘的な輝きを持つ
ハチミツ色のジュエリー

美しいハチミツ色が特徴の琥珀。その深く
温かな輝きは、見ているだけで心が落ち着
きます。年齢を問わず身につけられるので、
プレゼントにも最適。渋い色味のものは男
性にも人気があるようです。

こんな人におすすめ！

☽ 感情表現を豊かにしたい人

あるがままの感情を表現することへの恐れを取り
除き、「自分自身を感じ、共有する」パワーを秘
めています。

☽ 溜まったストレスを取り除きたい人

琥珀は、まるで柔らかな水流が凍った土壌を徐々
に溶かしていくような穏やかなで確かな癒しのエ
ネルギー満ちています。

☽ 貯金をしたい人

古来より「財運の石」と呼ばれ、豊かさを象徴す
る琥珀。浪費を抑制し、特に貯める・増やすパワー
があります。

☽ 安産のお守りが欲しい人

子孫繁栄を象徴する琥珀は、子宝運を高め、理想
の家族像の実現を助けます。また生命エネルギー
を活性化し、母子ともに健やかな状態をサポート
します。

☽ 人間関係を円滑にしたい人

苦手意識の克服を助け、物事の違った側面へ目を
向けさせます。違うタイプの人との繋がりをだん
だんと楽しめるようになるでしょう。

組み合わせで願いが叶う！

貯蓄力 UP!

1

琥珀 ＋ 翡翠

財運を高めるベストコンビの琥珀と
翡翠。どちらも長く続く財をもたら
し、経済的な安定をもたらします。

家庭円満

2

琥珀 ＋ アメトリン

子孫繁栄をもたらす琥珀にアメトリ
ンのパワーが加わって、家族が仲良
くいつまでも明るくいられるお守り
になってくれます。

コミュニケーションを円滑にする太陽の象徴

シトリン

産地	ブラジル・インド・チリほか
結晶系	六方晶系（三方晶系）
成分	SiO_2
硬度	7
買いやすさ	★★★★☆

太陽のような明るいイエローが
もたらす金運パワー

　太陽を象徴する石の一つであり、金運の石として有名ですが、その他にも持つ人に自信と希望を与える力があります。本来黄色は『コミュニケーションの色』としても知られていて、対人関係にその力を発揮します。

　机の上に置くと会話がスムーズにいき、身につけると自己主張ができるようになると言われています。好奇心を高める効果もあるので、趣味や目標を見つけたい人を応援してくれるでしょう。

浄化方法

塩を使った浄め方

自然塩（海塩よりも岩塩の方が良い）を木やガラスのケースに入れ、その中に一昼夜パワーストーンやアクセサリーを埋め込む方法です。その後取り出し流水で軽く流した後、やわらかな布で拭き取ります。

水晶クラスターを使った浄め方

クラスターとは沢山の結晶ポイントが集まる群晶水晶のことで、自身が強い浄化能力を備えているのが特徴です。このクラスターの上に天然石やアクセサリーを置くことで浄化や簡単なエネルギーチャージが可能となります。水晶クラスターと共にアメジストクラスターも有名です。

組み合わせで願いが叶う！

温かな日差しを思わせる
太陽色

まるで日光のような透き通ったイエローカラーが、爽やかさを引き立てるシトリン。クリアな発色は主張が強すぎず、大振りなものでも違和感なく着けられます。ゴールドとの相性が良く、華やかな印象に仕上がります。

収入UP

1

シトリン ＋ ルチルクォーツ

こんな人におすすめ！

🌙 とにかく金運を高めたい人

シトリンは別名「マネーストーン」とも呼ばれ、そのパワーは金運を高めるだけでなく、必要な人脈や環境を引き寄せるに及びます。

🌙 商売繁盛のお守りが欲しい人

古くから商売の繁盛と豊かさをもたらす石として重宝されてきたシトリン。商売運を高め、新たな繁栄をサポートしてくれます。

🌙 明るく前向きになりたい人

太陽のエネルギーを秘め、精神を明るくイキイキとした状態へ導き、積極性や行動力を育みます。

🌙 人生の目標が欲しい人

勇気や希望、自信を育てるシトリンは、人生で立ち止まったときに自分の目指すべき方向を指し示すと言われます。

🌙 いつまでも健康でいたい人

蓄積したストレスをやわらげ、感情のバランスを安定させ心身の調和をはかります。

まさに金運UPのベストコンビのシトリンとルチルクォーツ。金運だけでなく勝負強さももたらし、一攫千金も夢じゃない？

2

ストレス
軽減

シトリン ＋ プレナイト

太陽のパワーで心を照らし、明るく保つシトリンとプレナイトは、ストレスで疲れた心身を深く癒し、心身を健やかに保ちます。

森羅万象を司る神秘の石

翡翠
Jade

産地	ミャンマー・日本・ロシアほか
結晶系	単斜晶系
成分	NsAl[Si$_2$O$_6$]
硬度	6.5〜7
買いやすさ	★★★★☆

繁栄・人徳・長寿を象徴する宝玉

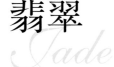

　自然界の精霊を結晶にしたかのような、生命力溢れるグリーンの翡翠。翡翠には硬玉と軟玉があり、格段に価値の高い硬玉の翡翠を本翡翠と呼びます。古代から、洋の東西を問わず『魔法の石』として崇められ、森羅万象の出来事を司る神秘の石として愛されてきました。生命と不死の象徴とされ、幸福と長寿を授けるこの石は、持ち主に最高の栄誉をもたらしてくれるでしょう。

浄化方法

お香やハーブで燻すスマッジング

アクセサリーを浄化用のお香や乾燥ハーブの煙にかざして浄化を行います。浄化用にはホワイトセージという乾燥ハーブが最も浄化効果が高くお奨めです。簡易的な代用品として、お仏壇用のお線香を使用しても構いません。

流水を使った浄め方

天然石を流水にかざしてマイナスエネルギーを洗い流す方法です。本当は湧き水が望ましいのですが、浄水または水道水で1〜2分程度洗い流してください。

優しいグリーンの「宝玉」

翡翠の魅力は、なんと言ってもその爽やかな若草色。見る人を包み込むような優しいグリーンの石は、昔から宝玉として崇められたのも納得の美しさです。クリスタルなどと合わせるほか、ハウライトと合わせれば柔らかく可愛らしいアクセサリーになります。

こんな人におすすめ！

◖財を築きたい人

人生に豊かな財をもたらし、安定させます。また経済的な豊かに翻弄されない精神的な強さも養い、蓄財を助けます。

◖事業を成功させたい人

古来から特に中華圏においては事業成功・商売繁盛のお守りとして重宝されてきた歴史を持ちます。

◖家内安全のお守りが欲しい人

大切な人をトラブルから守る破魔の石である翡翠は、同時にコミュニケーションを深め、家庭内を明るく照らすパワーも発揮します。

◖人徳者でありたい人

持ち主の目を真理へ向けさせ、先見の明を与えると言われます。また強力なリーダーシップと、父親のような大らかさをもたらします。

◖忍耐力・持続力を高めたい人

逆境にあっても揺るがない信念と忍耐力、そして成功までの持続力を育みます。継続を確かな成果へつなげる強さがこの石にはあります。

組み合わせで願いが叶う！

長寿のお守り

1

翡翠 ＋ 水晶

翡翠と水晶の組み合わせは、いつまでも健康でいきいきと過ごせるようサポートする長寿のお守りにぴったり。

2

心の癒し

翡翠 ＋ チャロアイト

心に深い癒しを与えてくれる翡翠とチャロアイトの高いヒーリングパワーは、セルフヒーリングにもおすすめです。

美しく輝く自然の芸術

ルチルクォーツ
Rutilelated quartz

「金色の線」が入っていることから
「金運」を呼び込むパワーストーン

産地	ブラジル・オーストラリアほか
結晶系	六方晶系
成分	SiO_2（包有物 TiO_2）
硬度	7
買いやすさ	★★★☆☆

クリスタルの中に、針のような鉱物が混入してできる結晶です。針状の鉱物が草のように見えることから「草入り水晶」とも呼ばれ、不思議な石として珍重されてきました。クリスタルはもともとヒーリングの力を備えた石ですが、ルチルクオーツはそれに加えて直感力や洞察力を高める効果があります。そのため古代から、誘惑や危険を避けるための魔よけとして用いられていました。またパワフルに金運をアップさせると言われ、人気が高まっています。

浄化方法

塩を使った浄め方
自然塩（海塩よりも岩塩の方が良い）を木やガラスのケースに入れ、その中に一昼夜パワーストーンやアクセサリーを埋め込む方法です。その後取り出し流水で軽く流した後、やわらかな布で拭き取ります。

水晶クラスターを使った浄め方
クラスターとは沢山の結晶ポイントが集まる群晶水晶のことで、自身が強い浄化能力を備えているのが特徴です。このクラスターの上に天然石やアクセサリーを置くことで浄化や簡単なエネルギーチャージが可能となります。水晶クラスターと共にアメジストクラスターも有名です。

様々な表情を見せる 「ヴィーナスの髪」

「ヴィーナスの髪」と呼ばれるインクルージョンが黄金色に輝くルチルクォーツ。様々な表情を見せるこの石は、よくあるデザインもどこかスタイリッシュに見せてくれます。透明度が高く、しっかりと針の入ったものがおすすめです。

こんな人におすすめ！

◗ とにかく金運を高めたい人

シトリンとともに金運UPの代名詞であるルチルクォーツ。常に世の流れにアンテナを立て、金流を掴み取る叡智を授けてくれると言われます。

◗ 勝負強さがほしい人

意志力・判断力・勇気を引き出し、あらゆる障害を跳ね除け、成功を勝ち取る勝負強さをもたらします。

◗ チャンスを引き寄せたい人

「キング・オブ・パワーストーン」とも呼ばれるこの石は強い開運パワーがあると言われ、幸運を引き寄せるチャンスの石です。

◗ 活力を高めたい人

意志と行動を直結させるパワーがあり、溜まったストレスの排出を助け、イキイキと活動的な状態へ導いてくれます。何事にもやる気が出ないときにもおすすめ。

◗ 精神的にもっと強くなりたい人

ルチルクォーツを表す言葉は「自立」と「調和」。曇ったマインドをクリアな状態に保ち、健やかな強い精神をはぐくみます。

組み合わせで願いが叶う！

ツキを呼ぶ

1

ルチルクォーツ ＋ タイガーアイ

天のパワーを受け取れるとも言われ、強運をもたらすルチルクォーツとタイガーアイ。ツキを呼び、大きな幸運を引き寄せます。

2

魅力を高める

ルチルクォーツ ＋ ブラックスピネル

このコンビは特に性的な魅力を高め、男性なら男らしく、女性なら女性らしさをより一層引き出してくれます。

そこが知りたい Q&A

*

使わなくなった石の保管は どうすればいいの？

基本的にパワーストーンは一生付き合える存在です。しかし人生がステップアップし、ステージが変わると、それまでのパワーストーンはお役目を全うし、縁が薄くなるということもあります。そんな時は、箱などに入れて静かな落ち着ける場所に保管してあげてください。「よく見える場所に置いておきたい」と考え、テレビの前やリビングの中央に置いている方がいらっしゃいますが、おすすめできません。パワーストーンも人と同じで、常に音が鳴っている場所や、いろいろな人が行き交い、雑多なエネルギーが流れているところでは、なかなかエネルギーを休まることができません。パワーストーンは、また縁を感じる日まで、落ち着いた場所に保管してあげてください。

*

もうこの先使う予定のない石は どうやって処分すればいいの？

意外と問い合わせが多いのは、破損した石や使わない石の処分方法です。パワーストーンは一生付き合えるものですが、様々な事情で石と距離を取りたいという方もいらっしゃいます。パワーストーンは元々地中より生まれた自然のものです。お別れの時は感謝の気持ちを伝えながら自然に還してあげるのがベストです。庭がある方は庭先へ埋めてあげてください。庭のない方はプラント（観葉植物など）の撒き石に利用したり、水槽（循環式がベターです）に入れてあげるのも良いでしょう。植物や水と一緒にしてあげることでエネルギーが地中にいた頃の状態に落ち着き、穏やかなスリープ状態になっていきます。

仕事運UP

交渉力や能力アップに効果的なパワーストーン。
やる気やリーダーシップをサポートし、
大きな活躍へ導きます。

進む道を指し示す、人生の羅針盤

アイオライト
Iolite

産地	インド・スリランカ・ブラジルほか
結晶系	斜方晶系
成分	$Mg_2Al_4Si_5O_{18}$
硬度	7～7.5
買いやすさ	★★★☆☆

正しいものを見極めるパワーを養う、迷ったときのお守りストーン

　アイオライトの語源はギリシャ語で青紫を意味する「IOS」と、石を意味する「LITHOS」が合わさったもの。日本語では菫青石（きんせいせき）と呼ばれます。

　サファイアに似ていることからウォーターサファイアと呼ばれることもある通り、穏やかな夕暮れのようなブルーが特徴です。目標を形にし、達成へと導くパワーがあり、人生に迷ったときは進むべきビジョンを指し示す羅針盤のような石です。

浄化方法

お香やハーブで燻すスマッジング

アクセサリーを浄化用のお香や乾燥ハーブの煙にかざして浄化を行います。浄化用にはホワイトセージという乾燥ハーブが最も浄化効果が高くお奨めです。簡易的な代用品として、お仏壇用のお線香を使用しても構いません。

水晶クラスターを使った浄め方

クラスターとは沢山の結晶ポイントが集まる群晶水晶のことで、自身が強い浄化能力を備えているのが特徴です。このクラスターの上に天然石やアクセサリーを置くことで浄化や簡単なエネルギーチャージが可能となります。水晶クラスターと共にアメジストクラスターも有名です。

穏やかな静寂を包み込む石

夜の凪を想わせる表情豊かなディープブ
ルーのアイオライト。
クセがなく、他の石との相性も良いのでブ
レスレットへの使用がおすすめです。透明
度の高いものはペンダントにしても上品で
良いでしょう。

こんな人におすすめ！

● 進むべき方向を定めたい人

「人生の羅針盤」との石言葉を持つアイオライト。
正しい判断力と決断力を養い、これから進むべき
未来を指し示します。

● 自信を取り戻したい人

過去の失敗のトラウマを解消し、その経験さえも
糧に変える強靭な精神力を引き出し、自信を育み
ます。

● リーダーシップを発揮したい人

すみれ色のアイオライトは、どんな状況であって
も心を落ち着かせ、冷静な分析力とリーダーシッ
プを発揮させます。

● 仕事のミスを減らしたい人

体験を経験にかえ、同じことを繰り返さない注意
深さを育てます。

● 独立したい人

独立心と自信を養うアイオライトは、自分の信念
を実行へ移すときの心強いサポートとなってくれ
るでしょう。

組み合わせで願いが叶う！

出会いの
チャンス

1

アイオライト ＋ ルチルクォーツ

アイオライトとルチルクォーツは新
しい出会いのチャンスにぴったり。
自然と縁ある場所へ足を運ばせ、素
敵な出会いを引き寄せます。

2

転職
成功

アイオライト ＋ オニキス

正しい決断をサポートし、挑戦を成
功へ導くアイオライトとオニキス
は、転職活動のお守りにおすすめ。

意識の変革をもたらす藍色の宝石

カイヤナイト
Kyanite

産地	ブラジル・ケニア・インドほか
結晶系	三斜晶系
成分	Al_2SiO_5
硬度	4 ～ 7.5
買いやすさ	★★☆☆☆

心身のバランスを整え、表現力・直感力を高めると言われる癒しの石

　ガラスのような光沢と、海と空の青を閉じ込めたような深い藍が印象的な石です。この目の覚めるようなブルーは、意識を拡大させ精神の変革を促す力を秘めています。

　過去のトラウマなどを取り除き、まっさらな気持ちで新たなスタートを願う人の心強い味方となってくれるでしょう。潜在能力を引き出すとも言われ、直観力やインスピレーションを高めたいときに最適です。感性を刺激し、特にクリエイターに愛されるパワーストーンです。

浄化方法

お香やハーブで燻すスマッジング

アクセサリーを浄化用のお香や乾燥ハーブの煙にかざして浄化を行います。浄化用にはホワイトセージという乾燥ハーブが最も浄化効果が高くお奨めです。簡易的な代用品として、お仏壇用のお線香を使用しても構いません。

流水を使った浄め方

天然石を流水にかざしてマイナスエネルギーを洗い流す方法です。本当は湧き水が望ましいのですが、浄水または水道水で1～2分程度洗い流してください。

夜明けの空を映したような 深いブルー

見ているだけで吸い込まれるような深い青が特徴のカイヤナイト。高級感のある色合いで、シルバーやクリスタルと合わせれば、上品なスタイルと相性抜群のエレガントなアクセサリーとなります。

こんな人におすすめ！

☾ 表現力を高めたい人

美意識や芸術的な才能を開花させるこの石は、直感力を高め、表現者としての資質を高めてくれると言われます。

☾ 眠っている潜在能力を 開花させたい人

洞察力と創造性を刺激するカイヤナイトは、まだ自己も気づいていない眠った才能に光を当て呼び起こします。

☾ ありのままの自分でいたい人

「こうでなければならない」という呪縛から解放し、本来の自分らしさを取り戻します。

☾ 冷静な判断力、 思考力が欲しい人

透き通るような清廉なブルーは、理性の象徴。物事をシンプルに捉え、クリアな思考をサポートします。

☾ 固定概念から解放されたい人

まるで生まれたての赤ちゃんのように純粋でピュアな感性を取り戻し、これまでとは違ったビジョンをもたらします。

組み合わせで願いが叶う！

創造力を高める

1

カイヤナイト ＋ ラブラドライト

カイヤナイトとラブラドライトのコンビは、天からのメッセージにアンテナをはるように、ひらめきやインスピレーションをもたらし、表現力・創造力を高めます。

2

自己の成長

カイヤナイト ＋ ラピスラズリ

カイヤナイトと相性抜群のラピスラズリ。魂の成長を助け、新しいドアを開けてくれるといわれ、自己成長を後押しします。

知性を呼び覚ます静寂の石
サファイア
Sapphire

産地	ミャンマー・スリランカ・タイほか
結晶系	六方晶系
成分	Al_2O_3
硬度	9
買いやすさ	★★☆☆☆

健やかな精神状態を保ち、知性を身につける

　　静寂を讃えたような深い群青色のこの石は、その独特の色味から見る者の心を鎮めます。この石を持つと動物的な欲望や浅知恵を恥じ、知的活動に励むと言われ、精神的な進化を願う人の援助をしてくれます。キャリアや成績アップにも効果を発揮するので、大切な試験や仕事の時に身につけると良いでしょう。また「誠実」の名の下に一途な愛を呼び込むと言われ、浮気防止という隠れた効能もあります。

浄化方法

お香やハーブで燻すスマッジング

アクセサリーを浄化用のお香や乾燥ハーブの煙にかざして浄化を行います。浄化用にはホワイトセージという乾燥ハーブが最も浄化効果が高くお薦めです。簡易的な代用品として、お仏壇用のお線香を使用しても構いません。

水晶クラスターを使った浄め方

クラスターとは沢山の結晶ポイントが集まる群晶水晶のことで、自身が強い浄化能力を備えているのが特徴です。このクラスターの上に天然石やアクセサリーを置くことで浄化や簡単なエネルギーチャージが可能となります。水晶クラスターと共にアメジストクラスターも有名です。

身に着けるなら

気品溢れる上質のブルー

紫がかったブルーの奥に輝く艶やかな光沢。気品のあるサファイアならではの輝きが、いつものスタイルを華やかに彩ります。四大宝石のひとつに数えられる上質のブルーは、大人の女性のアクセサリーにふさわしい宝石です。

こんな人におすすめ！

🌙 **惰性に流されない**
　強い精神を育てたい人

感傷や邪念に惑わされず、的確な判断で自分自身を律することができるよう心の芯を養います。

🌙 **大切な人との絆を深めたい人**

その硬質なディープブルーは大切な人との絆をより強固にし、二人にとってネガティブな存在にバリアを張ってくれます。

🌙 **冷静な分析と判断力が欲しい人**

サファイアは感情の混乱を鎮める理性の石。持ち主に俯瞰のビジョンを与え、冷静な判断をサポートします。

🌙 **上品で尊敬される人になりたい人**

サファイアの石言葉は、「真理」「誠実」「貞操」。どんな状況でも品位を保つ精神的な強さを養い、周囲からの尊敬と憧れを集めます。

🌙 **トラブルから**
　身を守るお守りが欲しい人

破邪のパワーでトラブルを遠ざけます。また疑心暗鬼などネガティブな思考を払い、健やかな精神状態を保ちます。

組み合わせで願いが叶う！

統率力 UP

1

サファイア ＋ ハイパーシーン

冷静な判断力、リーダーシップを向上させるサファイアとハイパーシーンは、統率力を高め、仕事を成功へ導きます。

人気を 集める

2

サファイア ＋ ブラックスピネル

サファイアとブラックスピネルはともにカリスマ性を向上させ、周囲からの尊敬や人気を集めてくれます。

藍色の表情を湛えた静かなブルー

ソーダライト
Sodalite

産地	カナダ・ブラジル・ナミビアほか
結晶系	等軸晶系
成分	$Na_8Al_6Si_6O_{24}Cl_2$
硬度	5.5 〜 6
買いやすさ	★★★★★

意志を強め目標達成へ導く石

　ソーダライトの語源は、英語でソーダを意味する「sodium」。日本語名は「方曹達石（ほうそうだせき）」と呼ばれます。時にはラピスラズリと間違えられるほどの美しいブルーを放つ石で、一般的にはマットな質感が特徴ですが、中にはツルンと艶のある、まるでサファイアのような表情を見せる石もあります。

　理性的な思考をサポートし、忍耐力・持続力を高めることで持ち主の目標達成を力強く後押ししてくれます。

浄化方法

お香やハーブで燻すスマッジング

アクセサリーを浄化用のお香や乾燥ハーブの煙にかざして浄化を行います。浄化用にはホワイトセージという乾燥ハーブが最も浄化効果が高くお奨めです。簡易的な代用品として、お仏壇用のお線香を使用しても構いません。

流水を使った浄め方

天然石を流水にかざしてマイナスエネルギーを洗い流す方法です。本当は湧き水が望ましいのですが、浄水または水道水で1〜2分程度洗い流してください。

身に着けるなら

存在感抜群の藍

ラピスラズリの代用品としても使われることのあるソーダライトの深みのあるブルーは、新月の夜を思わせるような印象を与えてくれます。一粒でも十分な存在感があるので、ストラップでの使用にもぴったりです。

こんな人におすすめ！

☽ 感情に流されず
　理性的な行動を取りたい人

ソーダライトのもつ深いディープブルーには激情を鎮め、冷静さと理性に基づいた思考をサポートするパワーがあります。

☽ 忍耐力を高めたい人

感情の揺らぎを抑え、違ったビジョンを授けることでこれまでと違った視点をもたらし、忍耐力を養います。

☽ 原因不明の不安感を鎮めたい人

不安や恐れなどの感情の混乱を鎮め、穏やかで夕凪のような落ち着いたリラックス状態へ導きます。

☽ 初志貫徹する
　意志力と行動力が欲しい人

邪念を払い、目標への一途な道を指し示すソーダライトは、周囲の誘惑や惰性にバリアを張り、目標の達成を後押しします。

☽ ダイエットを成功させたい人

忍耐力や持続力を高め、当初の強い意志が曇らないようサポートするソーダライトはダイエットや生活習慣病の方にもおすすめ。

組み合わせで願いが叶う！

合格の
お守り

1

ソーダライト ＋ アメジスト

忍耐力、持続力を高めるソーダライトと集中力を高めるアメジストが受験合格までの力強い味方になってくれるでしょう。

2

ダイエット
成功！

ソーダライト ＋ ムーンストーン

目標を掲げてダイエットをするときは、女性の美を引き出すムーンストーンとの組み合わせがおすすめ。目標達成までしっかりサポートしてくれます。

深い洞察力を持つ虎の目

タイガーアイ

Tiger's eye

産地	南アフリカ・オーストラリア西部・ナミビアほか
結晶系	単斜晶系
成分	$NaFe(SiO_3)_2$
硬度	6.5 ～ 7
買いやすさ	★★★★★

昇進運UPに効果的
男性にもおすすめのワイルドな石

　ベルベットのような艶やかさを持ち、美しい光を放つその姿は誇り高い虎の目を思い起こさせます。古代エジプトでは「虎の目はすべてを見通す目」と考えられ、神々の像の目をこの石で飾ったそうです。そのせいか、タイガーアイは他の石とはひと味違った、崇高な神の化身のようなオーラに満ちています。持ち主に広い視野と洞察力を与え、魂の高潔さを守り抜く神聖な石です。また本来の能力の発揮を助け、持ち主を成功へ導くパワーを秘めていると言われます。

浄化方法

お香やハーブで燻すスマッジング

アクセサリーを浄化用のお香や乾燥ハーブの煙にかざして浄化を行います。浄化用にはホワイトセージという乾燥ハーブが最も浄化効果が高くお奨めです。簡易的な代用品として、お仏壇用のお線香を使用しても構いません。

水晶クラスターを使った浄め方

クラスターとは沢山の結晶ポイントが集まる群晶水晶のことで、自身が強い浄化能力を備えているのが特徴です。このクラスターの上に天然石やアクセサリーを置くことで浄化や簡単なエネルギーチャージが可能となります。水晶クラスターと共にアメジストクラスターも有名です。

身に着けるなら

シックなブラウンの縞模様

温かみのあるブラウンカラーが縞模様を織り成すタイガーアイ。金運のお守りとしても人気があります。どちらかというと男性的な色味の石ですが、透明度の高いシトリンなどと合わせれば、華奢な女性の手にも違和感なく着けられます。

こんな人におすすめ！

🌙 金運を高めたい人

光を受けて時折ゴールドに輝くタイガーアイは、お金のチャンスをもたらし、金運を高めるパワーがあります。

🌙 チャンスをつかみ、仕事で成功したい人

高い志と目標達成に必要なサポートを引き寄せ、自己実現を手助けします。昇進運UPにも効果的。

🌙 決断力と行動力を高めたい人

迷いや邪念を払い、スピーディな決断を後押しします。またそこに直結した行動力をもたらし、理想の実現へ導きます。

🌙 アイデア力、企画力を引き出したい人

ひらめきやインスピレーションを授けると言われ、そこに経験から生まれるアイデアを落とし込む思考力を養います。

🌙 ネガティブなものから身を護るお守りが欲しい人

邪気を払い、外部のネガティブエネルギーをブロックしてくれるタイガーアイは、日常的なマイナスから身を護るお守りとしても有効です。

組み合わせで願いが叶う！

金運UP

1

タイガーアイ ＋ シトリン

金運と強運を呼び寄せて、豊かさへ繋いでくれます。仕事での昇進やボーナス等、仕事での成功とともに金運を高めます。

営業力UP

2

タイガーアイ ＋ アラゴナイト

タイガーアイとアラゴナイトは、営業力を高める名コンビ。特に会話が大切な営業マン・接客業の方におすすめです。

限界を超越する強靭な精神力
ハイパーシーン
Hypersthene

産地	メキシコ・カナダ・アメリカほか
結晶系	斜方晶系
成分	$(Fe^{2+}, Mg)2Si2O6$
硬度	5.5 ～ 6.5
買いやすさ	★★★★☆

強い統率力をもたらし、
周囲を引っ張るリーダーに愛される石

　漆黒に閃光のように輝くシラー（光の反射）が魅力のハイパーシーン。名前の由来はギリシア語で超越を意味する「Huper」と強さを意味する「Sthenos」から来ています。

　その名の通り、この石は強さを養い、自身の限界を超越するような強さをもちます。日本名では「紫蘇輝石」と呼ばれますが、一般的にはシルバー〜黄色味を帯びたシラーを放つ個体が多く、そのパワーは特にリーダー職など周囲を引っ張っていく職業の方に強いリーダーシップと、判断力・統率力をもたらすと言われます。

浄化方法

お香やハーブで燻すスマッジング

アクセサリーを浄化用のお香や乾燥ハーブの煙にかざして浄化を行います。浄化用にはホワイトセージという乾燥ハーブが最も浄化効果が高くお奨めです。簡易的な代品として、お仏壇用のお線香を使用しても構いません。

塩を使った浄め方

自然塩（海塩よりも岩塩の方が良い）を木やガラスのケースに入れ、その中に一昼夜パワーストーンやアクセサリーを埋め込む方法です。その後取り出し流水で軽く流した後、やわらかな布で拭き取ります。

漆黒の闇夜のようなエレガンス

光を受けて輝きを放つ華やかなディープブラックは、ペンダントの一点使いや、小粒で揃えたブレスレットなど石の持つ上品さを引き出す着け方がおすすめです。一粒でも存在感があるのでストラップも良いでしょう。

こんな人におすすめ！

🌙 強いリーダーシップを発揮したい人

分析力、統率力をもたらしリーダーシップを高めるハイパーシーンは、常に冷静な判断力と決断力が必要なポジションの方におすすめ。

🌙 もっと責任感を養いたい人

冷静な思考力、現実を見据えるビジョンをもたらします。責任感を育て、それに伴う社会的な成功へ導きます。

🌙 周囲からの信頼を集めたい人

コミュニケーションを円滑にし、尊敬と信頼を集めてくれます。立場にあった自然な言動をサポートするとも言われます。

🌙 自己成長のスピードを速めたい人

ハイパーシーンは、まさに有言実行の石。常に高い目標を掲げ、素早い行動へ移す実行力を養い、更なる高みへの成長を後押しします。

🌙 強すぎる猜疑心を手放したい人

嫉妬や悪意を浄化するハイパーシーンには、ネガティブな感情を手放し、自己への信頼、他者への信頼をサポートするパワーがあります。

組み合わせで願いが叶う！

ストレス軽減 **1**

ハイパーシーン ＋ スモーキークォーツ

仕事によるストレスを軽減し、精神的な重圧をクリアにしてくれます。またストレス耐性を高め、心身の健康を守ります。

2 **出世運UP**

ハイパーシーン ＋ タイガーアイ

ハイパーシーンとタイガーアイのコンビは、仕事運をぐんぐん高め出世を後押ししてくれます。

珍しい! レアストーン特集

世界的に流通量が少なく、なかなかお目にかかることのないレアストーン達。

*

高次元と繋がるスピリチュアルストーン
アゼツライト

　アゼツライトは、アメリカとインドの特定の地区で発見される特殊な水晶。スピリチュアルな石で、多次元に渡る宇宙の集合体である「アゼツ」のエネルギーを受け容れるアンテナになる存在です。持ち主のエネルギーに同調しながら、更なる高次元へと導いてくれると言われます。非常に高いエネルギーを発しているため、人によっては同調するのに時間がかかる場合もあります。強力な自浄作用（自らを浄化できるパワー）があるため、基本的に浄化は必要ないと言われています。

7種のパワーを秘めた石
スーパーセブン

　7種類のパワーストーンが内包された石であるスーパーセブンは、アングルにより様々な表情を見せてくれます。7種類のパワーを持つと言われ、宇宙意識とつながるこの石に同調することで、雑念や迷いが消え、しっかりと自分を見つめ直し、確かな足取りで人生を歩めるようになるでしょう。全てを受け入れ、包み込んでくれるような優しくも強いヒーリングパワーを秘めた石です。

無限の可能性
ファイアークォーツ

　潜在能力を開花させ、ゆるぎない自信を養う石でもあります。本人もまだ気づいていない才能や能力、人生の真の目的を見出してくれるとともに、自らの決断に自信を与え、望むゴールまでの前進を後押ししてくれます。水晶の中で、まるで炎が燃えているような情熱的なレッドが特徴です。

宇宙が生んだ奇跡の石
モルダバイト

　宇宙が起源のミステリアスなパワーストーンです。その昔、巨大な隕石が落下し地球に衝突した衝撃により産まれました。その起源から宇宙の叡智を秘めているとされ、神秘的なパワーを持ち、唯一クリスタルにパワーを与え増大させられる石とも言われています。宇宙と地球のエネルギーが融合し調和する事によって生み出されたモルダバイトは、周囲と心を通わせ、他者との調和をもたらすサポートに長けています。優れたヒーリングストーンでもあり、無意識のうちに不安や恐怖心を和らげ、孤独感を癒します。人間関係が上手く行かず、孤独感の強い方、宇宙と繋がりインスピレーションを高めたい方におすすめの石です。

人間関係運UP

対人関係のトラブルを解消へ導くほか、
人間関係への苦手意識を取り除き、
円滑なコミュニケーションを助けます。

心身のバランスを整えてくれる
アマゾナイト
Amazonite

産地	アメリカ・ブラジル・カナダほか
結晶系	三斜晶系
成分	$KAlSi_3O_8$
硬度	6〜6.5
買いやすさ	★★★☆☆

失恋の傷を癒し
未来を明るい光で満たしてくれる

　心身のバランスを保ち、悲しみや不安、激しい感情を静めたい時のサポートをしてくれる石です。その名のとおり発祥は南アメリカのアマゾン川流域と言われています。自然と共存しながら暮らしていたネイティブアメリカンの精神性を現代に伝えてくれるヒーリング効果溢れるスピリチュアルストーンです。失恋の傷を癒したいとき、自分の人生に不安をおぼえたときなど、あなたの心の支えになってくれるでしょう。

浄化方法

お香やハーブで燻すスマッジング

アクセサリーを浄化用のお香や乾燥ハーブの煙にかざして浄化を行います。浄化用にはホワイトセージという乾燥ハーブが最も浄化効果が高くお奨めです。簡易的な代用品として、お仏壇用のお線香を使用しても構いません。

水晶クラスターを使った浄め方

クラスターとは沢山の結晶ポイントが集まる群晶水晶のことで、自身が強い浄化能力を備えているのが特徴です。このクラスターの上に天然石やアクセサリーを置くことで浄化や簡単なエネルギーチャージが可能となります。水晶クラスターと共にアメジストクラスターも有名です。

存在感のある緑色のストーン

吸い込まれそうな緑色のアマゾナイトは、ブレスレットに一粒使うだけでも十分な存在感を発揮します。またストラップやペンダントにするなら明るめのものがおすすめです。

こんな人におすすめ！

🌙 コミュニケーション能力を高めたい人

相手への信頼感を高めるアマゾナイトは、誠実な人間関係をもたらし円滑なコミュニケーションをサポートします。

🌙 明るい未来を信じたい人

「希望の石」と呼ばれ、未来を明るい光で満たし、幸せな人生へ導くパワーがあると言われます。目を閉じるたびに明るい展望を見せてくれるでしょう。

🌙 新しいことにチャレンジしたい人

挑戦心や好奇心を刺激し、未来のイメージングを助けます。ポジティブな感性をもたらし、新しい挑戦を楽しみへ変えてくれます。

🌙 優柔不断を直したい人

迷ったときや動きがとれないとき、アマゾナイトは正しい選択をサポートし、大きな視点で物事を捉えられるよう思考に働きかけます。

🌙 不安を鎮め、ネガティブ思考を解消したい人

アマゾナイトのポジティブなエネルギーに触れていると、日常の悩みや不安が些細なことに思えてくるような楽観的な気持ちになれるでしょう。

組み合わせで願いが叶う！

前向きになれる 1

アマゾナイト ＋ ブルーカルセドニー

アマゾナイトとブルーカルセドニーは心の中を喜びの光で満たす石。気持ちを前向きに整え、明るく保ってくれます。

もっと寛容に 2

アマゾナイト ＋ セラフィナイト

心に余裕を生み出し、大らかさを養うセラフィナイトとの組み合わせは、寛容さをはぐくみ、信頼感を高めます。

渦巻く未知の力を秘めた石

アメトリン
Ametrine

産地	ボリビア・ブラジルほか
結晶系	六方晶系（三方晶系）
成分	SiO_2
硬度	7
買いやすさ	★★★☆☆

癒しと調和の石。アメジストとシトリンの力を兼備した絶妙なバランス

　アメトリンは、アメジストとシトリン両者の性質を持つ、未知なるストーンの一つです。高貴な紫色と黄金色が混ざった魅力的な色合いが人気の理由の一つですが、その効能の素晴らしさは、見た目を遥かに凌ぐ強力なものです。アメトリンのキーワードは「調和」であり、他者との調和、また、精神と身体の調和をもたらし、自分自身をコントロールする力に優れています。持ち主を良い人生へと導く、道標となるでしょう。

浄化方法

お香やハーブで燻すスマッジング

アクセサリーを浄化用のお香や乾燥ハーブの煙にかざして浄化を行います。浄化用にはホワイトセージという乾燥ハーブが最も浄化効果が高くお奨めです。簡易的な代用品として、お仏壇用のお線香を使用しても構いません。

水晶クラスターを使った浄め方

クラスターとは沢山の結晶ポイントが集まる群晶水晶のことで、自身が強い浄化能力を備えているのが特徴です。このクラスターの上に天然石やアクセサリーを置くことで浄化や簡単なエネルギーチャージが可能となります。水晶クラスターと共にアメジストクラスターも有名です。

ハーフ・アンド・ハーフが
お洒落なアクセント

珍しいミックスカラーが特徴的なアメトリンは、その独特の色味を生かす、シンプルなコーディネイトがおすすめです。また、石の中に物質を含有した個性的なストーンとも相性は抜群です。

こんな人におすすめ！

🌙 物質的にも精神的にも 安定したい人

アメトリンはバランスと調和の石。時間やお金など有限なものと、満足や幸福など無限のものとのバランスを上手に保ってくれます。

🌙 人間関係を円滑にしたい人

攻撃的な考えや被害者意識を手放し、精神状態を安定させると同時に気持ちに余裕のある人間関係へ導きます。

🌙 もっと精神的にラクになりたい人

大らかなマインドを持ち主に与え、些細なことで気に病むことなく、人生が「楽しめる」ものであることに気づかせてくれます。

🌙 行動力と思慮深さを 併せもちたい人

チャレンジ精神や新しい感性を刺激する石ですが、ただやみくもに動くのではなく、冷静な思考に基づいた行動を促します。

🌙 人間的な魅力を高めたい人

愛と調和に基づく人間性を発揮し、いつの間にか自分だけでなく相手のハートをも開かせてしまう心地よい魅力を引き出します。

組み合わせで願いが叶う！

夫婦仲の改善

1

アメトリン ＋ アクアマリン

アメトリンとアクアマリンはこじれてしまった愛の絆を解きほぐし、愛を修復してくれます。そして穏やかな関係への回復を助けます。

職場で愛される

2

アメトリン ＋ クンツァイト

知性を高める仕事運UPのアメトリンに、クンツァイトを組み合わせることで、職場での愛されパワーが引き出され、気がつけば職場のアイドルなんてことも。

闇夜よりも美しい漆黒のダイヤモンド

ブラックスピネル
Black Spinel

産地	ミャンマー・スリランカほか
結晶系	等軸晶系
成分	MgO・Al$_2$O$_3$
硬度	7.5 〜 8
買いやすさ	★★★☆☆

やる気と前進力を授け、
困難に打ち勝つ勇者の石

　近年、芸能関係者の間でも人気が高まったことから、広く一般に知られるようになったブラックスピネル。名前の語源は、スピネルの結晶体が鋭角な八面体で構成されていることから、ラテン語で棘（とげ）を意味する「spina」に由来します。

　このことから日本語名でも「尖晶石」と呼ばれ、そのシャープさを象徴するかのように、パワーも光のように放射状に広がるといわれ、持ち主の成功にスピードを与えます。またカリスマ性を高め、人生に豊かさをもたらすと言われます。

浄化方法

お香やハーブで燻すスマッジング

アクセサリーを浄化用のお香や乾燥ハーブの煙にかざして浄化を行います。浄化用にはホワイトセージという乾燥ハーブが最も浄化効果が高くお奨めです。簡易的な代用品として、お仏壇用のお線香を使用しても構いません。

流水を使った浄め方

天然石を流水にかざしてマイナスエネルギーを洗い流す方法です。本当は湧き水が望ましいのですが、浄水または水道水で1〜2分程度洗い流してください。

八面体結晶が生む漆黒の輝き

その妖艶なまでの艶と非常に高い硬度から、一部ではブラックダイヤとも呼ばれるブラックスピネル。小ぶりなものを繋ぎ合せネックレスにしても嫌味がなく着けられますが、毎日着けるなら目に飛び込んでくれるブレスレットがおすすめです。

こんな人におすすめ！

☽ くよくよ悩まず もっと楽観的になりたい人

人生の楽しみを教えてくれる石。完璧でないことへの罪悪感を解消し、楽観的な思考を育みます。

☽ カリスマ性を身につけたい人

この石がもたらす「遊び」のあるセンスと明晰な思考は、洗練された身のこなしと、円滑な人間関係をもたらしてくれるでしょう。

☽ 事業を成功させたい人

物質的、精神的に必要な援助を引き寄せる幸運の石でもあるブラックスピネルは、事業成功のお守りにもおすすめです。

☽ 周囲からの尊敬を集めたい人

常に一定の落ち着きと冷静さを保ち、周囲の尊敬と支持を集めます。プレッシャーを喜びに変える勝負強さも養います。

☽ 魅力を高め、もっとモテたい人

会話や服装、日常のちょっとした瞬間に発揮される「センス」と「感性」を高め、人気運・恋愛運を向上させます。

組み合わせで願いが叶う！

モテ力
UP

1

ブラックスピネル ＋ ガーネット

センスを磨きセクシーな魅力を放つブラックスピネルと豊穣のガーネットは、モテ運UPのベストコンビ。異性の視線を集め、持ち主の魅力を存分に発揮させます。

2

ストレス
緩和

ブラックスピネル ＋ スギライト

強靭な心身をサポートするブラックスピネルは、スギライトとも相性抜群。高いヒーリングエネルギーでストレスを癒し、気持ちをいつもクリアに保ってくれます。

正義を照らす教えの石
ブルーカルセドニー
Blue Chalcedony

産地	ブラジル・ウルグアイ・インドほか
結晶系	六方晶系
成分	SiO_2
硬度	7
買いやすさ	★★★★☆

意識の変革をもたらし
繋がりを広げる友愛の石

　厳しくも優しい、師のような深い愛情に満ちたブルーカルセドニー。怒りや妬みなどに費やす不必要なエネルギーを取り去り、冷静な自己を維持してくれる教えの石です。

　また、平和と調和を司るこの石は、人間は兄弟であり、皆と心の奥底で繋がっていることを思い出させてくれると言われています。この石のエネルギーは心の深い部分に届くと言われ、他者に対する先入観や固定観念を手放し、説明しがたい嫌悪感を解消へ導きます。

浄化方法

お香やハーブで燻すスマッジング

アクセサリーを浄化用のお香や乾燥ハーブの煙にかざして浄化を行います。浄化用にはホワイトセージという乾燥ハーブが最も浄化効果が高くお奨めです。簡易的な代用品として、お仏壇用のお線香を使用しても構いません。

流水を使った浄め方

天然石を流水にかざしてマイナスエネルギーを洗い流す方法です。本当は湧き水が望ましいのですが、浄水または水道水で1〜2分程度洗い流してください。

どんなカラーにも合う淡い水色

朝焼けのような優しい水色をしたブルーカルセドニー。誰からも好かれる控えめな印象の石です。ローズクォーツなど淡色の石と組み合わせれば華奢で儚げな雰囲気に、ラピスラズリなどインパクトのある色味を合わせればソフトな引き立て役となってくれます。

こんな人におすすめ!

☽ 縁のある人を引き寄せたい人

ブルーカルセドニーは人と人の縁を繋ぐ「結び」の石。自分と似た感性の人や、縁のある環境との出会いをもたらします。

☽ 人間関係の問題を解決したい人

人間関係の摩擦を解消し、円滑なコミュニケーションをサポートします。また柔軟性を高め、会話力を養います。

☽ 過度の心配や焦りから解放されたい人

不安感や焦り、イライラから心を解放し、大らかなマインドを与えてくれます。また過度な精神のガードを解きほぐし、楽観的な気持ちへ導きます。

☽ もっと親近感のある人間になりたい人

まるで少女のような純粋で無垢な感性を高めてくれる石で、親しみやすさ、話しやすさなどの女性的なオーラを引き出します。

☽ 心に常に余裕をもちたい人

悩みやストレスで一杯になってしまった心の状態をリセットし、あらゆるネガティブなエネルギーを洗い流します。ストレスで気持ちに余裕がないときにおすすめ。

組み合わせで願いが叶う!

出会いの
チャンス

1

ブルーカルセドニー + ラブラドライト

縁ある人との関係を結ぶブルーカルセドニーとラブラドライト。自分が今いるステージに合った最良の縁を引き寄せ、出会いのチャンスをもたらします。

2

苦手意識
の克服

ブルーカルセドニー + ムーンストーン

強いヒーリングパワーを持つムーンストーンとの組み合わせは、心の奥底に張り付いた先入観・嫌悪感をリセットし、苦手意識の解消へ導きます。

心を落ち着ける癒しのエナジー

ブルーレース
Bluelace

産地	ブラジル・南アフリカ・インドほか
結晶系	六方晶系
成分	SiO_2
硬度	6.5〜7
買いやすさ	★★★★☆

感情を素直に表現し、
本来の自分の存在を輝かせる石

　淡い水色がレース状の縞模様になって浮き出ている石です。チベット人はこれを蓮の花に見立て、「神の石」として信仰の対象にしたそうです。静かな水面のようなこの石は、乱れた心や昂ぶった感情の波を鎮め、穏やかさを取り戻させてくれる癒しの石です。ストレスから生じる怒りなどのネガティブな感情を中和する働きがあり、イライラすることが多いと感じる人の心に、他者を受け入れるゆとりを与えてくれます。

浄化方法

流水を使った浄め方

天然石を流水にかざしてマイナスエネルギーを洗い流す方法です。本当は湧き水が望ましいのですが、浄水または水道水で1〜2分程度洗い流してください。

水晶クラスターを使った浄め方

クラスターとは沢山の結晶ポイントが集まる群晶水晶のことで、自身が強い浄化能力を備えているのが特徴です。このクラスターの上に天然石やアクセサリーを置くことで浄化や簡単なエネルギーチャージが可能となります。水晶クラスターと共にアメジストクラスターも有名です。

身に着けるなら

可憐な淡いブルーの グラデーション

涼しげな淡いブルーに柔らかなレース状の
グラデーションが可愛らしいブルーレー
ス。水晶などで透明感をプラスするほか、
パステルカラーとの組み合わせが特におす
すめ。可憐で優しい印象になります。

こんな人におすすめ！

☽ いつもイライラしてしまう人

物事を感情的にとらえて本質を見失うことがない
よう、頭と心をクリアな状態に保ち、学びのチャン
スへ変えてくれます。

☽ 対人トラブルを回避したい人

柔軟な人間性を引き出し、対人関係の摩擦を軽減
してくれるクッション材のように働きかけてくれ
ます。

☽ ストレスで弱った心身に 癒しが欲しい人

不安や悩み、ストレスの影響で鈍くなってしまっ
た心の動きを回復させ、健やかな精神状態を保っ
てくれます。

☽ アガリ症を治したい人

過度の緊張とプレッシャーを緩和し、本来もってい
る能力の発揮を助けてくれます。思考をクリア
にし、特に「話す」能力を向上させると言われます。

☽ 苦手意識を克服したい人

全てに対してあるがままの状況を受け入れ、否定
的な感情を「もっと知りたい」という好奇心に変
換するパワーをもちます。

組み合わせで願いが叶う！

ポジティブ 思考

1

ブルーレース ＋ シトリン

太陽の明るさで心に光を差すシトリ
ンとは相性抜群。気持ちを前向きな
状態に導き、社交性・人気運を高め
てくれます。

誠実の 見極め

2

ブルーレース ＋ モルガナイト

ブルーレースとモルガナイトのコン
ビネーションは持ち主に真実を見抜
く力をを授け、自分にとって本当の
意味で正しい選択を助けます。

豊かな愛情を育む薔薇の石
ロードナイト
Rhodonite

産地	オーストラリア・ロシア・スウェーデンほか
結晶系	三斜晶系
成分	$(Mn,Ca)Mn_4(Si_5O_{15})$
硬度	6
買いやすさ	★★★★★

愛情豊かな人間関係をもたらす
ポジティブパワー

　ロードナイトの語源はギリシャ語の「薔薇」。その名の通り、バラの花を思わせる濃いピンク色をしています。美しい乙女の流した涙がロードナイトになったと言われています。この石には精神のバランスを整え、優しく愛情豊かな人間にするという効果がありますので、特に恋愛や人間関係において大きな力を発揮するでしょう。また、ロードナイトは「行動の石」とも言われます。なにか行動を起こすとき、きっとロードナイトが勇気を与えてくれるはずです。

浄化方法

お香やハーブで燻すスマッジング

アクセサリーを浄化用のお香や乾燥ハーブの煙にかざして浄化を行います。浄化用にはホワイトセージという乾燥ハーブが最も浄化効果が高くお奨めです。簡易的な代用品として、お仏壇用のお線香を使用しても構いません。

水晶クラスターを使った浄め方

クラスターとは沢山の結晶ポイントが集まる群晶水晶のことで、自身が強い浄化能力を備えているのが特徴です。このクラスターの上に天然石やアクセサリーを置くことで浄化や簡単なエネルギーチャージが可能となります。水晶クラスターと共にアメジストクラスターも有名です。

深い薔薇色が演出する大人の可愛さ

ピンクに斑紋の入ったロードナイトは、同じピンクでもインカローズなどに比べてシックな印象があります。可愛いだけでは物足りない、大人っぽさを演出したいという方はこちらの石がぴったりです。

こんな人におすすめ！

◗ 誰に対しても愛をもって接したい人

まるで母親のような溢れる愛情を内側から引き出し、思いやりと慈愛の精神で人間関係を満たしてくれます。

◗ こじれてしまった関係を修復したい人

複雑に入り組んでしまった感情のもつれを一旦リセットし、本来のあるべき形への修復を手助けしてくれます。

◗ 家庭円満のお守りが欲しい人

愛情に基づいた人間関係をサポートし、特につながりの深い家族との関係を良好に保ち、明るい家庭へ導きます。

◗ 慢性的な疲れから回復したい人

ストレスや精神的なダメージで弱ってしまった心身の状態を癒し、エネルギーを活性化します。

◗ もっと寛大な人間になりたい人

大らかで俯瞰的なビジョンをもたらすと言われ、些細なことに影響を受けない心を養い、行き過ぎた感情の揺らぎを鎮めます。

組み合わせで願いが叶う！

愛され上手

1

ロードナイト＋ローズクォーツ

人に与える印象を向上させるロードナイトは、愛の石ローズクォーツと組み合わせることで異性・同性を問わず、愛され力を引き出してくれます。

2 **もっと積極的に**

ロードナイト＋カーネリアン

積極性を高め、前向きな気持ちと行動を促すカーネリアンとのコンビネーションは、人との出会いや新しい挑戦を楽しみや喜びに変えてくれます。

パワーストーンのプロが教える
ちょっとした話 1

＊

ブレスレットを着けるのは、
右手？左手？

　パワーストーンを身に着けるにあたって、これといって難しいルールはありません。あくまでもブレスレットを着ける人が心地よく、自分らしくいられることが大切です。その観点から言えば、基本的には利き腕でない方がおすすめです。普段メインで動く利き腕は、他の物体との衝突の可能性が高く、稀に石を傷つけてしまうことがあるからです。

　また「左手に着けると良い」と言われることもあります。これはパワーストーンブレスレットを着けたとき、石が帯びるエネルギーは、持ち主のエネルギーと合わさり、持ち主の周囲を循環します。その時にエネルギーが体の左側からぐるぐると回り、右側に抜けていくような流れをもつ人がとても多いからだそうです。そう考えると、「愛情や幸運などを受け取りたいとき」は左手、「取りにいきたいとき」は右手に着けると良いとも言えます。

　繰り返しになりますが、パワーストーンを着ける時は自分らしくいられることが重要です。気持ちがのらない時や、着けられない状況では、腕から外してしまっても問題ありません。そんなときは鞄やポケットなど、近くに置いてあげてください。あなたの一番のサポーターになってくれるパワーストーンとの絆は強く、着けていないと繋がりが消えてしまうわけではないので安心してください。自分らしく、思い思いの方法でパワーストーンとの生活を楽しんで下さい。

癒し

精神を安定させるヒーリングストーン。
不安や怒りなどのマイナス感情を鎮め、
心に安らぎをもたらします。

産地	ミャンマー・スリランカ・ブラジルほか
結晶系	六方晶系
成分	$Ca_5(PO_4)_3(F,Cl,OH)$
硬度	5
買いやすさ	★★☆☆☆

信頼と調和の象徴

アパタイト
Apatite

心のマイナスを排出し、自分らしい状態への回復を助ける石

アパタイトの語源はギリシャ語の「apate」で、これは「相手をだます・策謀する」という意味です。この一風変わった語源の由来は、古来よりこの石がトルマリンやベリル鉱石と混同されることがとても多かったことにあります。日本語名は「燐灰石」と言い、見る角度によって違った表情を見せてくれる個性的な鉱石です。

魂に寄り添うような優しいエネルギーを放ち、深い癒しをもたらします。また組織の団結力を強めるパワーもあり、家族間や仲間同士でもたれることも多い石です。

大人の女性にこそ似合う
エレガンスブルー

アパタイトがもつ独特のブルーは、落ち着いた大人の女性を連想させます。また色合わせの難しいダークな石とも相性抜群。ブラック、パープルのような、トーンが暗めの石でも違和感なく馴染んでくれます。

こんな人におすすめ！

🌙 自分らしさを発揮していきたい人

緊張しがちな精神状態をやわらげ、揺らぎない自信を授けてくれる石。常に自分らしい行動や振る舞いをサポートしてくれます。

🌙 ストレスが多い環境にいる人

外的要因による精神的なダメージを優しく癒し、ネガティブエネルギーに対する防御力を高めてくれます。

🌙 集団行動が苦手な人

人間関係にポジティブなビジョンをもたらし、人との繋がりや共有を楽しめるようなメンタリティへ導きます。忍耐力UPにも効果的。

🌙 もっと自分を好きになりたい人

強すぎる自己否定から持ち主を解放し、心を癒します。変化の時期には高すぎる理想ではなく、現実的なステップアップを指し示してくれるでしょう。

🌙 新しく何かを始める人

意志力を高めてくれるアパタイトは、途中での心身の疲れが原因での挫折を防ぎ、目標達成への着実な歩みをサポートしてくれます。

組み合わせで願いが叶う！

1 負の連鎖を断ち切る

アパタイト ＋ ガーデン水晶

ガーデン水晶とのコンビネーションは、負の連鎖をリセットする組み合わせ。悲壮感などのマイナスな感情を拭い去り、安泰な人生へ導きます。

2 社交性

アパタイト ＋ カイヤナイト

苦手意識の克服を助け、社交性を高めてくれるアパタイトとカイヤナイト。コミュニケーションセンスを刺激し、会話力を高めます。

心を見透かす癒しの玉石
クリソプレーズ
Chrysoprase

産地	オーストラリア・タンザニア・ブラジルほか
結晶系	六方晶系
成分	SiO$_2$+Ni
硬度	7
買いやすさ	★★★★☆

緊張や不安感を緩和し、
行き過ぎた感情の揺れを補正する石。

　クリソプレーズは玉髄（ぎょくずい：繊維状の石英）の一種で、日本語名では「緑玉髄」と呼ばれます。透明度が高く曇りのないグリーンのものはとても希少で流通量も少ない人気の石。穏やかな癒しのバイブレーションを放ち、微弱になった精神のコントロール力を復活させてくれます。

　また眠っている潜在能力を引き出す石としても知られ、持ち主も知らなかった一面を呼び覚ますと言われます。

浄化方法

お香やハーブで燻すスマッジング

アクセサリーを浄化用のお香や乾燥ハーブの煙にかざして浄化を行います。浄化用にはホワイトセージという乾燥ハーブが最も浄化効果が高くお奨めです。簡易的な代用品として、お仏壇用のお線香を使用しても構いません。

水晶クラスターを使った浄め方

クラスターとは沢山の結晶ポイントが集まる群晶水晶のことで、自身が強い浄化能力を備えているのが特徴です。このクラスターの上に天然石やアクセサリーを置くことで浄化や簡単なエネルギーチャージが可能となります。水晶クラスターと共にアメジストクラスターも有名です。

身に着けるなら

太陽が輝く春を連想させるライトグリーン

穏やかな春先が似合うクリソプレーズは、淡いカラーと組み合わせるとお互いのカラーの長所を上手に引き出せます。明るく華やかで存在感のある石ですので、ブレスレットはもちろん、一粒ペンダントも素敵です。

こんな人におすすめ！

🌙 ポジティブになりたい人

閉ざされたハートを開き、前向きな思考をもたらします。ときには楽観的なビジョンを見せ、心を明るさで満たします。

🌙 自信を取り戻したい人

過去の失敗による心の萎縮をやわらげ、フラットな心の状態へ戻してくれます。過去の自分に感謝し、新しい自分の肯定を助けます。

🌙 希望に満ちた毎日を過ごしたい人

日々の中に小さな喜びを発見できる「気づき」を促し、人生に希望をもたらします。

🌙 自分らしさを表現したい人

相手に好かれようとする卑屈さから心を解放し、自己肯定を助けてくれます。また感性を高め、自己表現をサポートします。

🌙 着実に目標を達成していきたい人

前進に必要な援助やパワーを引き寄せてくれる幸運の石。志をともにできる人間との出会いをもたらしてくれるとも言われます。

組み合わせで願いが叶う！

能力開発

1

クリソプレーズ ＋ ムーンストーン

隠れた才能を引き出すコンビネーション。潜在能力の向上を促し、今まで眠っていた一面を開花させ多様性と創造性を刺激します。

2

子育てのお守り

クリソプレーズ ＋ 翡翠

母性を高めるクリソプレーズと、大らかさを養い寛大な心を育てる翡翠の組み合わせは子育てのお守りにぴったり。精神的な疲れの回復にも効果的です。

熾天使セラフィム由来の天使の石

セラフィナイト
Seraphinite

産地	ロシア・アメリカほか
結晶系	単斜晶系
成分	$(Mg,Fe^{2+})_5Al(Si_3Al)O_{10}(OH)_8$
硬度	2〜2.5
買いやすさ	★★★★☆

天使の羽に包まれるような
不思議なヒーリングパワー

　なんとなく気持ちが不安定なときに精神状態を落ち着かせてくれるストーンです。そのため、ここぞという勝負の前に身に着けると、本来身についている能力の発揮を助けてくれると同時に、潜在能力を引き出してくれることでしょう。

　またヒーリング効果があり、霊的能力を深める効果があるといわれているため、占い師やカウンセラー、ライトワーカーなどに人気の石です。精神を癒し、天使の羽に包まれているような穏やかなリラックス状態へ導きます。

浄化方法

お香やハーブで燻すスマッジング

アクセサリーを浄化用のお香や乾燥ハーブの煙にかざして浄化を行います。浄化用にはホワイトセージという乾燥ハーブが最も浄化効果が高くお奨めです。簡易的な代用品として、お仏壇用のお線香を使用しても構いません。

水晶クラスターを使った浄め方

クラスターとは沢山の結晶ポイントが集まる群晶水晶のことで、自身が強い浄化能力を備えているのが特徴です。このクラスターの上に天然石やアクセサリーを置くことで浄化や簡単なエネルギーチャージが可能となります。水晶クラスターと共にアメジストクラスターも有名です。

「天使の羽」と呼ばれる
スピリチュアルストーン

深い森のような神秘的なグリーンの中に
マーブル状に浮かぶ模様がまるで天使の羽
のようなセラフィナイト。シックで大人の
雰囲気溢れる色あいなので、落ち着いた
ファッションにぴったり。

こんな人におすすめ！

◐ 深い安らぎを求める人

まるで深い森の中で森林浴をしているような深い
癒しをもたらし、心身をリラックス状態へ導きます。

◐ トラウマから解放されたい人

天使セラフィムのパワーが宿るといわれるセラフィ
ナイトは、非常に高いヒーリングエネルギーを放
ち、過去の失敗から受けた心の傷を修復します。

◐ 過去の恋愛を手放したい人

愛のパワーで優しく包みこみ、過度の執着心から
持ち主の心を解放し、新しい恋愛に気持ちを向か
わせてくれます。

◐ 対人トラブルを防ぎたい人

過度に感情的な人と対した時、その台風のような
ネガティブエネルギーから持ち主を守り、精神的
負担を和らげてくれます。

◐ もっと付き合い上手になりたい人

セラフィナイトがもつ調和のパワーは、持ち主の自
己中心的な考えを洗い流し、人と繋がる喜びや感
謝などのポジティブな感情を心に呼び起こします。

組み合わせで願いが叶う！

目標達成

1

セラフィナイト ＋ ガーネット

自信をもたらし困難や大きな問題にも
負けない強い心をはぐくみます。何事
に対しても前向きな気持ちを呼び起こ
し目標の達成を後押しします。

2

能力発揮

セラフィナイト ＋ ラブラドライト

凝り固まったアタマを解し、存分な
能力発揮を助けるセラフィナイトと
ラブラドライト。ストレスを和らげ
る効果も高く、いつでも全力を発揮
できるようサポートします。

試練と強さを与える石

チャロアイト
Charoite

産地	ロシア・サハ共和国ほか
結晶系	単斜晶系
成分	$K(Ca,Na)_2Si_4O_{10}(OH,F)\cdot H_2O$
硬度	4.5〜6
買いやすさ	★★★☆☆

心の弱さと向き合う勇気を与え、
混乱した感情を浄化する

　ロシア語で『魅惑する』を意味するチャロ
アイト。この石を身に着けると一時的に恐怖
心が強くなり、動揺しやすくなる場合があり
ます。しかしそれは恐怖心を乗り越えるため
に石が与える試練であり、一定期間を過ぎた
後には、それまでの恐れが嘘のように感情が
安定し、現実と向き合う強さを取り戻すと言
われています。精神的な強さと心の回復力を
引き出し、自分の足による人生の前進を助け
ます。心の弱さやコンプレックスを克服した
い人におすすめの石です。

浄化方法

お香やハーブで燻すスマッジング

アクセサリーを浄化用のお香や乾燥ハーブの煙
にかざして浄化を行います。浄化用にはホワイ
トセージという乾燥ハーブが最も浄化効果が高
くお奨めです。簡易的な代用品として、お仏壇
用のお線香を使用しても構いません。

水晶クラスターを使った浄め方

クラスターとは沢山の結晶ポイントが集まる群
晶水晶のことで、自身が強い浄化能力を備えて
いるのが特徴です。このクラスターの上に天然
石やアクセサリーを置くことで浄化や簡単なエ
ネルギーチャージが可能となります。水晶クラ
スターと共にアメジストクラスターも有名です。

身に着けるなら

ミステリアスな紫のマーブル模様

チャロアイトの特徴は、幻想的な紫のマーブル模様。とても個性的ですが、落ち着いた色味なので大人っぽい印象になります。アメジストやスギライトなど同系色でまとめたり、インカローズと合わせるのもおすすめです。

こんな人におすすめ！

🌙 究極的な癒しを求める人

世界3大ヒーリングストーンに数えられるチャロアイトは、非常に高いヒーリングパワーをもち持ち主に深い癒しをもたらします。

🌙 恐怖心を手放したい人

言いようのない不安感や恐れ、過度の心配を解消し、未来への前進力を授けてくれると言われます。

🌙 ストレスが溜まりやすい人

外部からのネガティブエネルギーの干渉を受けやすい人におすすめ。精神的なバリアを発揮し、持ち主の心を守ります。

🌙 心を安らかに保ちたい人

チャロアイトのもつ穏やかなヒーリングパワーを浴びていると、不思議と心が安らぎと安心感で満たされていくのを感じるでしょう。

🌙 コンプレックスを克服したい人

強すぎる自己否定から解放し、物事の明るい側面へ目を向けさせます。他人との比較をやめさせ、愛情で持ち主を包み込みます。

組み合わせで願いが叶う！

勇気・挑戦心

チャロアイト＋ヘマタイト

前向きなパワーを活性化するチャロアイトとヘマタイトのコンビネーションは、勇気や挑戦心を引き出し、持ち主を新しいステージへ後押しします。

トラウマ克服

チャロアイト＋アメジスト

アメジストと組み合わせることで魂レベルの傷を癒す高いヒーリングパワーを放ち、トラウマを乗り越えた先にある明るい未来へ導きます。

心身の浄化を促す白亜の石

ハウライト
Howlite

**肉体・精神のバランスを整え、寂しさ
や悲しさで閉じたハートを解きほぐす**

産地	ブラジル・オーストリア
結晶系	六方晶系
成分	$Mg(CO_3)$
硬度	3.5 〜 4.5
買いやすさ	★★★★★

アメリカ・カリフォルニア州で産出される
ハウライトは、白亜の軟らかい鉱物です。加
工しやすいため、着色してターコイズやチャ
ロアイトのイミテーションに使われることが
多いようです。ハウライトは肉体・精神のバ
ランスを整える力を秘めており、強いヒーリ
ング効果で悲しみや寂しさを癒します。コ
ミュニケーションにおいては、周りと自然に
調和できるよう方向を正してくれます。また、
枕の下に置いておくと不眠症に効果があると
言われます。

浄化方法

塩を使った浄め方

自然塩（海塩よりも岩塩の方が良い）を木やガ
ラスのケースに入れ、その中に一昼夜パワース
トーンやアクセサリーを埋め込む方法です。そ
の後取り出し流水で軽く流した後、やわらかな
布で拭き取ります。

水晶クラスターを使った浄め方

クラスターとは沢山の結晶ポイントが集まる群
晶水晶のことで、自身が強い浄化能力を備えて
いるのが特徴です。このクラスターの上に天然
石やアクセサリーを置くことで浄化や簡単なエ
ネルギーチャージが可能となります。水晶クラ
スターと共にアメジストクラスターも有名です。

身に着けるなら

男性にも人気！爽やかなモノトーン

ホワイトにグレーの模様が入ったナチュラルな雰囲気のハウライト。色合いが柔らかいので、爽やかで優しい印象になります。シルバーやレザーと組み合わせたカジュアルアクセサリーは、男性にも高い人気があります。

こんな人におすすめ！

☽ 心身ともに健康でいたい人

他者からの怒りや嫉妬など、外部のネガティブエネルギーに対するバリアを張り、心身を健やかに保ってくれます。

☽ 怒りの気持ちを鎮めたい人

カッとなりやすい人におすすめです。精神的な余裕をもたらし、まるで父親のような大らかさを引き出します。

☽ ストレスを解消したい人

溜まったストレスを洗い流し、心の状態をリセットしてくれます。また外部からのエネルギーの干渉をブロックし、ストレス耐性を高めます。

☽ 純粋無垢な気持ちで人生を楽しみたい人

純真無垢な少年のように、人生を楽しみ、感情を表現することの喜びを教えてくれる石。

☽ 安眠のお守りが欲しい人

モヤモヤとした感情をやわらげ、安定した状態へ導くハウライトは、寝つきが悪いときや深い睡眠が欲しい方におすすめです。

組み合わせで願いが叶う！

行動力 UP

1

ハウライト ＋ ターコイズ

物事に対する好奇心を刺激するハウライトとターコイズのコンビネーションは、怠惰な気持ちや億劫な感情を抑え、自発的な行動を促します。

イライラ 解消

2

ハウライト ＋ プレナイト

イライラ・モヤモヤとした感情の澱を洗い流すプレナイトとは相性抜群。ストレスの排出を助け、怒りや焦りなどのネガティブな感情を鎮めます。

思考のクリアリング

プレナイト
Prehnite

産地	オーストラリア・インド・イギリスほか
結晶系	斜方晶系
成分	$Ca_2Al_2Si_3O_{10}(OH)_2$
硬度	6 ～ 6.5
買いやすさ	★★★★☆

理性と感情のバランスを整え、苛立ちを鎮めてくれる

　淡いマスカットグリーンのプレナイト。ぶどうの房のようなかたまりで採掘されることから、日本では「ぶどう石」と呼ばれます。古代ローマでは浮き彫りを施され、装飾品として人気があったようです。「頭脳の石」とされるこの石は、理性と感情のバランスを整えて知的能力を高める力を秘めています。怒りや焦り、苛立ちなどを鎮めてくれる効果もあるので、チームワークなどがうまくいかないときにおすすめの石です。

浄化方法

お香やハーブで燻すスマッジング

アクセサリーを浄化用のお香や乾燥ハーブの煙にかざして浄化を行います。浄化用にはホワイトセージという乾燥ハーブが最も浄化効果が高くお奨めです。簡易的な代用品として、お仏壇用のお線香を使用しても構いません。

流水を使った浄め方

天然石を流水にかざしてマイナスエネルギーを洗い流す方法です。本当は湧き水が望ましいのですが、浄水または水道水で1～2分程度洗い流してください。

身に着けるなら

みずみずしい
マスカットグリーン

プレナイトが持つジューシーなグリーンカラーは、まるでマスカットの果汁のよう。とても爽やかでみずみずしい印象があります。透明感が高く軽い色合いなので、どんな石と組み合わせても違和感がありません。

こんな人におすすめ！

🌙 断・捨・離したい人

思考をクリアにし、精神的にも物質的にも不要なものへの執着を手放し、心身をクリアな状態へ導いてくれます。

🌙 心を明るくしたい人

プレナイトは心の底にこびりついてしまった感情の淀みを洗い流してくれる石です。心がスッキリし、明るく前向きな状態になります。

🌙 便秘がちの人

非常に高いデトックスパワーをもつプレナイトは、不要物の排出を促し、健やかな心身を保つと言われます。

🌙 自然体でいたい人

ピュアな状態への回帰を促し、飾らない、嘘のない自分を表現する強さを養います。

🌙 ストレスを溜め込みがちな人

溜まってしまったストレスを解消し、安らぎを与えてくれます。エネルギーが弱っているときには、持ち主と同調し、回復を助けます。

組み合わせで願いが叶う！

人気を集める 1

プレナイト ＋ アラゴナイト

太陽と自然を連想させるプレナイトとアラゴナイト。非常に明るいパワーを放ち、ポジティブな気持ちを呼び起こします。またコミュニケーションを円滑にし、人気運を高めます。

2 心配性を解消

プレナイト ＋ ローズクォーツ

見た目にもPOPで可愛らしい人気の組み合わせ。言いようのない不安感や、精神的な緊張を和らげて心配性を解消します。

ラリマー

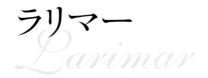

産地	ドミニカ共和国
結晶系	三斜晶系
成分	$NaCa_2Si_3O_8(OH)$
硬度	4.5～5
買いやすさ	★☆☆☆☆

愛と平和の波動を持ち
怒りや憎しみを抑える

　ラリマーは発見されてから日が浅いこともあり、現在はカリブ海に浮かぶドミニカ共和国でしか採掘することができません。そのためパワーストーンの中でも非常に高い人気があります。言い伝えによると、愛する人のために命を落とした少女がその恋人とともに姿を変えたのがこのラリマーだそうです。この石は愛と平和の波動を持ち、「青い光の精霊」とも呼ばれます。持ち主の怒りや憎しみを抑え、コミュニケーションを円滑にする効果があります。

浄化方法

お香やハーブで燻すスマッジング

アクセサリーを浄化用のお香や乾燥ハーブの煙にかざして浄化を行います。浄化用にはホワイトセージという乾燥ハーブが最も浄化効果が高くお奨めです。簡易的な代用品として、お仏壇用のお線香を使用しても構いません。

水晶クラスターを使った浄め方

クラスターとは沢山の結晶ポイントが集まる群晶水晶のことで、自身が強い浄化能力を備えているのが特徴です。このクラスターの上に天然石やアクセサリーを置くことで浄化や簡単なエネルギーチャージが可能となります。水晶クラスターと共にアメジストクラスターも有名です。

身に着けるなら

空と海を映した
ナチュラルブルー

優しいブルーとホワイトが混ざり合うマーブル模様が美しいラリマー。青い空、青い海を思わせる夏にぴったりの爽やかな石です。ブレスレットでもペンダントでも大き目のものがおすすめです。

こんな人におすすめ！

◑ 愛と平和に包まれた日々を過ごしたい人

非常に調和力に長けているラリマーは、人とのつながりが生む愛のエネルギーで持ち主を満たし、感謝の気持ちと心の安らぎを喚起します。

◑ のびのびと自由に生きたい人

精神的な重圧から持ち主を解放し、心を軽くするとともに何にも縛られない本来のピュアな精神状態へ導きます。

◑ 友情を大切にしたい人

人間関係に対する真摯さを呼び起こすラリマーは、大切な友達同士や職場の仲間同士で持つのにぴったりです。

◑ おおらかな心でありたい人

自分の信念や価値観への固執を解消し、他者をありのまま受け入れる気持ちの余裕をもたらします。

◑ 心のデトックスをしたい人

内側に溜まったストレスや悩みなどのネガティブエネルギーの排出を促し、クリアな精神状態へ導いてくれます。

組み合わせで願いが叶う！

もっと楽観的に
1

ラリマー ＋ アマゾナイト

ラリマーとアマゾナイトの組み合わせは、心に影が差しそうなときでも気持ちを明るく保ってくれます。また物事の明るい側面に目を向けさせて、楽観的な思考へ導きます。

2
セルフヒーリング

ラリマー ＋ チャロアイト

ラリマーとチャロアイトはどちらも世界3大ヒーリングストーンに数えられる癒しの石。深い癒しのバイブレーションを放ち、瞑想のお供にも最適です。

そこが知りたい

Q & A

＊

Q 使わなくなったブレスレットを浄化を して娘に譲りたいのですが？

A 大切なお嬢様にパワーストーンをプレゼント。とても素敵なことですが、あまりお勧めできません。パワーストーンは一度持ち主を定めると、その願いを共有し、持ち主のエネルギーとのシンクロを始めます。これは複数の人がそれぞれのパワーストーンを着けて同じ空間にいても、他人へ影響しないことの理由でもあります。

逆に、ストーンから持ち主と認定されない場合、エネルギーの馴染みが良くないことがあります。ずっと着けているけれどしっくりこない、石がとても重く感じられるというときは、願いや想いが明確ではなかったり、持ち主のハートが十分にストーンに開かれていない状態かもしれません。できればお嬢様にはお嬢様のために生まれてきたブレスレットを着けていただくことがベストです。

＊

Q 複数のパワーストーンを着けると 石同士がケンカしたりしますか？

A 基本的に石同士でぶつかり合うということはありえません。なぜここまで言い切れるかというと、クリスタルの在り方が人や動物とは違うからです。例えば水晶の結晶がある程度の形になるには1万年程度かかると言われています。一方、人間は長くて100年、巨木でも1000年程度です。比較的生成が早いクリスタルですら1万年を必要とします。その間、石たちは地球上に存在する様々な物質や、宇宙のエネルギーを取り込んで生成されますが、それは、感情のある人間や動物とはまるで次元の違う在り方なのです。石たちには「争い・妬み・対立」といった感情もなければ、生理的な欲求もありません。よって、石同士でぶつかり合うということはないのです。

厄除け

ネガティブエネルギーを跳ね返す
お守りになってくれます。
トラブルを遠ざけ、厄を払います。

天空の神が宿る石

ターコイズ
Turquoise

行動力を身につけ、危険を回避する人生のお守り

産地	イラン・アメリカ・エジプトほか
結晶系	三斜晶系
成分	$Cu^{2+}Al_6(OH)_2|PO_4)_4 \cdot 4H_2O$
硬度	5〜6
買いやすさ	★★★☆☆

　鮮やかな空色が印象的な石です。12月の誕生石としても有名ですが「天空の神が宿る石」とも言われ、古くから神聖視されてきました。邪悪なものや迫り来る危険を退け、持ち主に幸運をもたらす石であり、旅のお守りにも好まれます。その心洗われるブルーは持ち主を癒し、勇気と行動力、積極性を与え、自己実現を達成させるエネルギーを宿しています。ターコイズはプレゼントすることでより守護力が増すと言われ、大切な人への贈り物にもぴったりです。

浄化方法

お香やハーブで燻すスマッジング

アクセサリーを浄化用のお香や乾燥ハーブの煙にかざして浄化を行います。浄化用にはホワイトセージという乾燥ハーブが最も浄化効果が高くお奨めです。簡易的な代用品として、お仏壇用のお線香を使用しても構いません。

水晶クラスターを使った浄め方

クラスターとは沢山の結晶ポイントが集まる群晶水晶のことで、自身が強い浄化能力を備えているのが特徴です。このクラスターの上に天然石やアクセサリーを置くことで浄化や簡単なエネルギーチャージが可能となります。水晶クラスターと共にアメジストクラスターも有名です。

人気の高いターコイズブルー

独特の空色がとても印象的で、男女問わずアクセサリーとして高い人気があります。ネイティブアメリカンジュエリーなどで使われるように、シルバーとの相性は抜群！他にもアースカラーと合わせることで、大地のような印象的な雰囲気を演出してくれます。

こんな人におすすめ！

🌙 目標や夢を達成させたい人

大空のように高らかで雄大なビジョンを与えるターコイズは、持ち主の声に反応し、変革をサポートします。人生のステップアップを後押しし、目標の達成へつなげます。

🌙 災いから身を守りたい人

古くはネイティブアメリカンの時代から、魔を退ける護符として重宝されてきたターコイズは、持ち主に安全と幸運を授けると言われます。

🌙 勇気が欲しい人

スカイブルーが特徴のターコイズは、天空の叡智と大地の行動力を併せもつと言われ、持ち主に勇気と行動力、そして聡明さをもたらします。

🌙 成功を収めたい人

ビジョンの実現に必要な援助を引き寄せ、人生に大きな幸運をもたらします。また不要なトラブルを遠ざけるお守りとしても効果的です。

🌙 迷いを断ちたい人

ターコイズは自己への信頼を高める石です。古くなった考えや思考パターンを手放し、自分の直感に十分な自信を与えてくれるでしょう。

組み合わせで願いが叶う！

幸せなゴール

1

ターコイズ ＋ ムーンストーン

愛の絆をつなぐムーンストーンと勝負強さを養うターコイズは結婚運UPのゴールデンコンビ！タイミングの波を引き寄せ幸せなゴールへ導きます。

2

勝負強さ

ターコイズ ＋ ラブラドライト

潜在的な能力を引き出し、いつも以上の能力発揮を助けるラブラドライトは、ターコイズとの相乗効果で更なる勝負強さをもたらします。

天から降ってきた神の眼

天眼石
Eye Agate

産地	アフリカ・中国・チベットほか
結晶系	六方晶系
成分	SiO_2
硬度	7
買いやすさ	★★★★★

真実を見極める力を与え、
邪悪なモノを跳ね返す護符

　天眼石メノウの一種で、縞模様が年輪状になり目のように見えるものを言います。チベットでは地中から掘り出されるのではなく、地面にゴロゴロと落ちているため、『天から降ってきた神の眼 』と言われています。魔除けとしての効果が高く、お守りとして古くから持たれていました。一家の大黒柱の父親が身に付ければ日常生活での家族の悪い出来事を防いでくれると言われています。

浄化方法

流水を使った浄め方

天然石を流水にかざしてマイナスエネルギーを洗い流す方法です。本当は湧き水が望ましいのですが、浄水または水道水で1〜2分程度洗い流してください。

水晶クラスターを使った浄め方

クラスターとは沢山の結晶ポイントが集まる群晶水晶のことで、自身が強い浄化能力を備えているのが特徴です。このクラスターの上に天然石やアクセサリーを置くことで浄化や簡単なエネルギーチャージが可能となります。水晶クラスターと共にアメジストクラスターも有名です。

身に着けるなら

シックで個性的なブラック

ひとつひとつ微妙に模様が違い、色々な表情がある天眼石。モノトーンの配色なのでどんな石とも好相性ですが、クリスタルなどと合わせれば独特の模様が引き立ちます。シックな印象なので、男性にもおすすめの石です。

こんな人におすすめ！

🌙 強力な魔除けが欲しい人

魔を破るパワーが宿る天眼石は、環境や人間関係がもたらすトラブルを遠ざけ、精神をクリアに保ちます。

🌙 人生の成功を手にしたい人

男性的なエネルギーを高め、実行力を引き出します。ときに必要な闘争心を呼び起こし、成功への道を後押ししてくれるでしょう。

🌙 外部からのネガティブな
エネルギーを防ぎたい人

天眼石特有の破邪の目が放つパワーは、周囲を取り巻く雑多なエネルギーの干渉をブロックし、健やかな心身を守ります。

🌙 自信をつけたい人

自己肯定を助ける石で、揺るぎない自信を授けてくれます。また力強い行動を促し、周囲の尊敬を集めます。

🌙 組織を引っ張る力が欲しい人

天眼石には持ち主のチャクラを開くパワーがあると言われ、先を見通し、周囲を統率する能力を引き出してくれます。

組み合わせで願いが叶う！

インスピレーションをもたらす

1

天眼石 ＋ ラピスラズリ

宇宙的な風貌の通り人知を超えた叡智をもたらすといわれるラピスラズリは天眼石とともにインスピレーションをもたらし、創造性を刺激してくれます。

2

ストレス撃退！

天眼石 ＋ スモーキークォーツ

天眼石とスモーキークォーツは強力な守護と癒しの力をもち、心のお守りになってくれる名コンビ。日常的なストレスから持ち主を守り、ストレス耐性を高めます。

世界最古のパワーストーン

ラピスラズリ

Lapis lazuli

産地	アフガニスタン・ロシア・チリほか
結晶系	等軸晶系
成分	混合
硬度	5 ～ 5.5
買いやすさ	★★★★☆

多くの幸福をもたらす
古くから神聖視されてきた石

　ラピスラズリは、世界で最初にパワーストーンとして知られた天然石とも言われています。夜空のような濃青色に星のような金色の黄鉄鉱が散りばめられており、神秘的なその外見から天空の象徴として語られ、古くから神聖視されてきた石です。

　確固たる意志を含んだその輝きは、物事の真実を見抜き、ポリシーや信念を貫き通す強さをもたらしてくれると言われます。

浄化方法

お香やハーブで燻すスマッジング

アクセサリーを浄化用のお香や乾燥ハーブの煙にかざして浄化を行います。浄化用にはホワイトセージという乾燥ハーブが最も浄化効果が高くお奨めです。簡易的な代用品として、お仏壇用のお線香を使用しても構いません。

水晶クラスターを使った浄め方

クラスターとは沢山の結晶ポイントが集まる群晶水晶のことで、自身が強い浄化能力を備えているのが特徴です。このクラスターの上に天然石やアクセサリーを置くことで浄化や簡単なエネルギーチャージが可能となります。水晶クラスターと共にアメジストクラスターも有名です。

身に着けるなら

星の輝く夜空のような
深いブルー

夜空のような群青色が美しいラピスラズリ。星のようにきらめく金色が、控えめながら人目を引くこと間違いなし!深みのあるブルーなので、可愛らしいデザインでもちょっぴりシックで神秘的なイメージになります。

こんな人におすすめ!

🌙 幸運を手に入れたい人

宇宙の叡智がつまったラピスラズリには強い開運パワーがあり、持ち主の人生に大きな幸運をもたらすと言われます。

🌙 自分のやりたいことを
みつけたい人

天からのメッセージに対するアンテナを広げてくれると言われ、人生の使命や、この世に誕生した本当の理由への気づきを促します。

🌙 普段使いのお守りがほしい人

邪悪なエネルギーから持ち主を守る魔除けの石。また悪意をもった人間を退け、日常的に身を護ってくれます。

🌙 現状をとにかく打破したい人

状況を見据える観察力と、現状打破に必要な勇気と行動力をもたらし、望む未来への道を後押ししてくれます。

🌙 アイデアや企画力がほしい人

天性のひらめきをキャッチするチャクラを刺激する石で、新しいアイデアやインスピレーションをもたらし、創造性を高めてくれます。

組み合わせで願いが叶う!

意志力強化

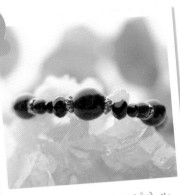

1

ラピスラズリ ＋ ブラックスピネル

魂の成長を助けるラピスラズリとブラックスピネルは、しっかりと地に足を着け仕事運と成功運を向上させる名コンビ。強い意志とそれを支える精神力を養います。

勝利へ導く

2

ラピスラズリ ＋ ヘマタイト

どこか宇宙を感じさせる雰囲気のラピスラズリとヘマタイト。その神秘的なイメージ通り、自身の壁を超越した天からの恵みを授けると言われ、恋愛にも仕事にも幸運と成功をもたらします。

「透明な水」を意味する万能の石

水晶
Quartz

産地	ブラジル・マダガスカル・アメリカほか
結晶系	六方晶系
成分	SiO_2
硬度	7
買いやすさ	★★★★★

強い邪気払いパワーを持ち、他のパワーストーンの強化にも使用される

　その澄み切った純粋無垢な輝きから、古代から水晶には水の精が宿っていると信じられてきました。宝石の王様・ダイヤモンドに引けを取らない美しさを持つ水晶ですが、この二つの石は対極の関係にあるとされています。ダイヤモンドが太陽のエネルギーを象徴するならば、水晶が持つのは月のエネルギー。透き通るその輝きには邪気を払い、厄災をブロックするパワーがあると言われます。また近頃では「開運の道は水晶から」と重宝されるほど、どんな願いにも効果的な万能の石として知られています。

浄化方法

流水を使った浄め方

天然石を流水にかざしてマイナスエネルギーを洗い流す方法です。本当は湧き水が望ましいのですが、浄水または水道水で1〜2分程度洗い流してください。

塩を使った浄め方

自然塩（海塩よりも岩塩の方が良い）を木やガラスのケースに入れ、その中に一昼夜パワーストーンやアクセサリーを埋め込む方法です。その後取り出し流水で軽く流した後、やわらかな布で拭き取ります。

アクセサリーに欠かせない 縁の下の力持ち

どんな色とも相性の良い水晶は、他の石と組み合わせて使うのがおすすめ。縁の下の力持ち的存在で、主張しすぎずシンプルな輝きをプラスしてくれます。お気に入りの石の横にそっと添えるだけで、新たな表情を引き出してくれます。

こんな人におすすめ！

☽ 厄除けしたい人

水晶は厄災やトラブルをブロックし、ネガティブな出来事の連鎖を断つパワーがあると言われます。

☽ 日々の厄・疲れを取り除きたい人

心身のエネルギーを常に清廉で健やかな状態に保つパワーがあり、日常的に身を取り巻くマイナスパワーを浄化してくれます。

☽ パワーストーンブレスを 重ね着けしたい人

周囲のパワーストーンのエネルギーを活性化する水晶は、どんな石とも着けられる万能の石。また石同士のエネルギーを取り持つ目的にも効果的です。

☽ 心身ともに清らかでいたい人

他者から向けられた怒りや嫉妬を浄化し、低次元のエネルギーから守ってくれます。自己の意識を高め、ネガティブな感情に支配されることを防ぎます。

☽ 気持ちがスッキリしない人

心のモヤモヤが取れず、なかなか気持ちが切り替えられないときは水晶が有効です。エネルギーをクリーンな状態に戻し、心を軽くしてくれます。

組み合わせで願いが叶う！

安眠をサポート

1

水晶 ＋ アメジスト

鉱物的にはもともと同類の水晶とアメジスト。そのため互いに馴染みやすくエネルギーの相乗効果を生み出します。高いヒーリングパワーで精神の昂りや落ち込みを安定し、穏やかな安眠へ誘います。

気持ちを明るく

2

水晶 ＋ シトリン

エネルギーを増幅するパワーをもつ水晶はシトリンとの相性も抜群。シトリンのもつポジティブなパワーをより引き出し、気持ちを明るく前向きに保ってくれます。

迷いを消し去る破邪の石

オニキス
Onyx

産地	インド・ブラジル・ウルグアイほか
結晶系	六方晶系
成分	SiO_2
硬度	7
買いやすさ	★★★★★

トラブルを退け、内なる邪念を鎮めて心を解き放つ

　オニキスの語源はギリシア語の「Onyxis」（爪の意味）に由来しており、日本名では「黒瑪瑙（くろめのう）」と呼ばれます。

　古来よりその深い黒色が魔を退ける破邪のパワーをもつと伝えられ、重宝されてきました。「悪霊から身を守る石」と呼ばれ、強い保護力を発揮する一方で、あらゆるトラブルを遠ざけ、厄災をブロックすると言われます。不慮のアクシデントはもちろん、人間関係のトラブルに巻き込まれないよう日常的なお守りとして男女を問わず人気の石です。

浄化方法

お香やハーブで燻すスマッジング

アクセサリーを浄化用のお香や乾燥ハーブの煙にかざして浄化を行います。浄化用にはホワイトセージという乾燥ハーブが最も浄化効果が高くお奨めです。簡易的な代用品として、お仏壇用のお線香を使用しても構いません。

水晶クラスターを使った浄め方

クラスターとは沢山の結晶ポイントが集まる群晶水晶のことで、自身が強い浄化能力を備えているのが特徴です。このクラスターの上に天然石やアクセサリーを置くことで浄化や簡単なエネルギーチャージが可能となります。水晶クラスターと共にアメジストクラスターも有名です。

身に着けるなら

吸い込まれるような
ブラックの輝き

意志の強さを主張するオニキス色は、強い
カラーのパワーストーンとも難なく組み合
わせられます。男性でも女性でもクールで
知的な雰囲気に仕上がります。

こんな人におすすめ！

☽ 強い意志を持ちたい人

迷いを払い、持ち主に折れない強い意志と不屈の
精神力を授ける石。また目標を達成する粘り強さ
を養ってくれます。

☽ ケンカが絶えない人

無用な競争心と行き過ぎた感情の起伏を鎮め、不
要な衝突を防いでくれます。喧嘩を減らし関係を
安定させたい方におすすめです。

☽ 悪意や誘惑から身を守りたい人

トラブルの元凶やネガティブな存在をブロック
し、また真の意味でマイナスなものを見極める観
察力を養い、持ち主を守ってくれます。

☽ パートナーとの絆を強めたい人

大切な人との関係を強め、絆を確かなものにス
テップアップさせてくれます。悪意ある存在から
二人を護るお守りとしても有効です。

☽ 新しい出会いがほしい人

過去を断ち切り、新しい状況へ導くオニキスは、
恋愛においては過去の恋との決別を助け、新しい
出会いを呼び寄せます。

組み合わせで願いが叶う！

仕事運 UP

1

オニキス ＋ タイガーアイ

オニキスとタイガーアイは、どんどん
バイタリティーが湧き出すようなエネ
ルギーの循環を生み仕事運を高めま
す。また元気が出ないときはこの石に
パワーをもらうと良いでしょう。

2 **金運UP**

オニキス ＋ ルチルクォーツ

幸運を呼び込み金運を高めるルチル
クォーツ。持ち主の精神を強くするオ
ニキスが浪費を防ぎ、もたらされる財
をしっかり守ってくれるでしょう。

パワーストーンと配置の不思議

効果的なブレスレット作りのヒミツを特別に公開しちゃいます！

トライアングル（三角形）

パワーストーンをトライアングルの位置に置いてみると、2つの点の上空にひとつ光が生まれているように見えます。いわゆる光明を生む配置で、これからのさらなる発展を目指すときに効果的です。また恋愛の配置でもあり、ちょうど愛し合う2人の真上に祝福の太陽があるような状態で、インカローズやアクアマリン、ピンクエピドートなど、新しい恋のチャンスを引き込むパワーを持つ石は、この配置がおすすめです。

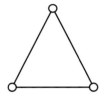

ペンタグラム（五芒星）

石を五箇所に置く「星」のような配置。これは五芒星（ペンタグラム）と呼ばれ、本来はとても魔術的な配置です。目的をはっきりさせて、状況を一転させたい方におすすめ。星の頂点をはっきりさせて、上向きのペンタグラムを組むことが大切です。またラブラドライトやスギライト、ムーンストーンなど、スピリチュアルな石の配置にもぴったりです。

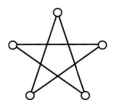

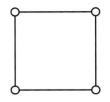

スクエア（四角形）

安定の配置。特に人間関係に効果的です。必ずしも正方形でなくとも問題はなく、全てが落ち着く場所に落ち着いている完成形の状態。ブルーレースやアメトリン、ロードナイトなど、対人運を高めるパワーストーンにおすすめです。またサードオニキスやアメジストなど、夫婦間の絆を強める石にも良いでしょう。

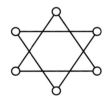

ヘキサグラム（六芒星）

ダビデの星とも呼ばれる神聖な配置で、魔除けに効果的です。この配置は天と地、陰と陽という相対する事象の包括と融合を現していて、あらゆる魔をブロックするお守りの配置。天のパワーを受け取り、状況を打破する強いポジショニングでもあります。オニキスやラピスラズリなどの厄除けのパワーストーンにおすすめしたい、上級者向けの配置です。

健康運UP

心身を活性化し、健康をサポート。
ストレスの排出を助け、
心身バランスを整えてくれます。

優しい癒しとリラックスの石

アベンチュリン
Aventurine

産地	インド・アメリカ・ブラジルほか
結晶系	六方晶系（粒状集合体）
成分	SiO_2
硬度	7
買いやすさ	★★★★★

ネガティブな思考を解消し、心身ともに健康へと導いてくれる

　みずみずしい緑色をしたアベンチュリン。チベットでは昔から、「洞察力と先見の明を与える石」とされてきました。仏像の目を飾るのに使われることもあったようです。

　精神を安定させる力を持つこの石は、冷静さや積極性、指導力を高めてくれると言われています。また富と豊饒をもたらすとも言われており、ビジネスシーンにおいても頼りになる石です。否定的な考え方を消し去り、前向きで明るい展望をもたらすパワーを秘めています。

浄化方法

お香やハーブで燻すスマッジング

アクセサリーを浄化用のお香や乾燥ハーブの煙にかざして浄化を行います。浄化用にはホワイトセージという乾燥ハーブが最も浄化効果が高くお奨めです。簡易的な代用品として、お仏壇用のお線香を使用しても構いません。

水晶クラスターを使った浄め方

クラスターとは沢山の結晶ポイントが集まる群晶水晶のことで、自身が強い浄化能力を備えているのが特徴です。このクラスターの上に天然石やアクセサリーを置くことで浄化や簡単なエネルギーチャージが可能となります。水晶クラスターと共にアメジストクラスターも有名です。

気品のある美しいグリーン

鮮やかなグリーンが魅力的なアベンチュリンは『インド翡翠』とも呼ばれ、翡翠の代用品としても使われます。気品のある落ち着いたカラーは、披露宴やパーティーなどフォーマルな場面にもおすすめです。

こんな人におすすめ！

🌙 心身を穏やかに保ちたい人

こわばった精神の緊張を解きほぐし、持ち主を深いリラックス状態へ誘います。

🌙 円満な夫婦関係を築きたい人

調和力を高めるアベンチュリンが二人のコミュニケーションを深め、誤解や感情の行き違いを防ぎ、想いの疎通をスムーズにします。

🌙 ストレスやイライラを鎮めたい人

感情のバランスを整えてくれる石で、コントロールの効かなくなった感情の起伏を鎮め、心に安らぎをもたらします。

🌙 質の良い睡眠をとりたい人

不安感や昂った思考状態を鎮めるヒーリングパワーをもち、穏やかで安定した睡眠をサポートしてくれます。

🌙 癒しがほしい人

内に溢れる愛のエネルギーを引き出し、自らを癒すことができます。精神的な重圧で心が疲れているときのセルフヒーリングにもぴったりです。

組み合わせで願いが叶う！

ストレスに負けない
1

アベンチュリン ＋ スモーキークォーツ

心身を基盤から安定し強化してくれるアベンチュリンと、ストレス耐性を高めるスモーキークォーツは現代社会で働くビジネスマンにぴったり。心身の疲労からの回復を早めるとも言われます。

2
家庭円満

アベンチュリン ＋ 翡翠

アベンチュリンと翡翠はともに非常に高い調和のエネルギーを放ち、家族間の絆を強め、コミュニケーションを深めてくれます。また家族をトラブルから守る護符にもなってくれるでしょう。

心に落ち着きを取り戻す
スモーキークォーツ
Smoky quartz

産地	ブラジルほか
結晶系	六方晶系（三方晶系）
成分	SiO_2
硬度	7
買いやすさ	★★★★★

ゆらめく煙を閉じ込めたような
スモーキーカラーのクリスタル

　この独特の色味は、地中で天然の放射線を浴びたことによるものです。恐怖や不安から心を解き放って精神のバランスを保ち、持ち主をポジティブな思考へ変えることから、ヒーリングストーンとしても人気があります。ストレスの緩和やリラックスを促進する働きは、数ある水晶系の石の中でもトップクラスと言われています。

　またグラウンディングパワーが強く、持ち主のスピリットガイドになってくれる石で、瞑想時のガイドストーンとしても大変人気のある石です。

浄化方法

お香やハーブで燻すスマッジング

アクセサリーを浄化用のお香や乾燥ハーブの煙にかざして浄化を行います。浄化用にはホワイトセージという乾燥ハーブが最も浄化効果が高くお奨めです。簡易的な代用品として、お仏壇用のお線香を使用しても構いません。

流水を使った浄め方

天然石を流水にかざしてマイナスエネルギーを洗い流す方法です。本当は湧き水が望ましいのですが、浄水または水道水で1〜2分程度洗い流してください。

身に着けるなら

深い色合いが楽しめる
大人の天然石

ライトブラウンからダークブラウンと見る角度によって様々に色味が変わります。落ち着いたシックな印象なので、男女問わず人気。ガーネットのように同じくシックな石と合わせれば、高級感のあるエレガントなアクセサリーとなります。

こんな人におすすめ!

◗ 心身を落ち着かせたい人

スモーキークォーツは安定と調和の石です。ストレスを和らげ、心身を安定させてエネルギーを健やかに保ちます。

◗ 安定した生活を手に入れたい人

物質的にも精神的にも安定をもたらし、人生の着実な歩みを後押しします。また人間関係が乱れがちなときにも有効です。

◗ 誠実な恋人がほしい人

この石が与えてくれる洞察力、観察力は、恋愛においても存分に発揮されます。真に誠実な人間を見分け、関係を安定させるパワーがあると言われます。

◗ 瞑想に使えるストーンが欲しい人

非常に高いグラウンディングパワーをもち、持ち主のエネルギーにシンクロし、高次元の存在とのつながりをサポートします。

◗ 潜在能力を開花させたい人

この石が放つエネルギーは感性を刺激し、まだ眠っている潜在能力を引き出し、新しい才能を開花させるパワーがあると言われます。

組み合わせで願いが叶う!

センスを高める

1

スモーキークォーツ ＋ ブラックスピネル

ともに暗めな印象に思われがちですが、それぞれが独特の輝きを放ちダークカラーながらも華やかな印象を与えます。外見・内面のセンスを磨き、カリスマ性を向上させます。

勝利へ導く

2

スモーキークォーツ ＋ サンストーン

着実な前進とその先にある勝利を象徴するスモーキークォーツとサンストーン。あらゆる誘惑を断ち切り、心の挫折を防ぎます。試験合格や試合勝利の力強いサポートとなってくれるでしょう。

マイナスイオンを発生する電気石

ブラックトルマリン

Black Tourmaline

産地	ブラジル・アメリカほか
結晶系	六方晶系
成分	$XY_9B_3Sl_6O_{27}$ (X) Ca,Na,K, Mn (Y) Mg,Fe,Al,Cr,Mn,Ti,Li
硬度	7 〜 7.5
買いやすさ	★★★★☆

身体に有害な波動を防ぎ、心身の浄化、精神の調和をはかる

「電気石」という名を持つ通り、電気を帯びる性質を持ち、マイナスイオンを発生するヒーリングストーンとして有名なブラックトルマリン。すべてのものを活性化するこの石は、悪意を跳ね除けるパワーがあるほか、心身の調和を助ける健康のお守りとしての効果にも大変優れています。漠然とした夢を抱きながら先の見えない不安を抱えているときは、この石を握るとイメージが具体化し、持ち主の進むべき道を照らすと言われています。

浄化方法

流水を使った浄め方

天然石を流水にかざしてマイナスエネルギーを洗い流す方法です。本当は湧き水が望ましいのですが、浄水または水道水で1〜2分程度洗い流してください。

水晶クラスターを使った浄め方

クラスターとは沢山の結晶ポイントが集まる群晶水晶のことで、自身が強い浄化能力を備えているのが特徴です。このクラスターの上に天然石やアクセサリーを置くことで浄化や簡単なエネルギーチャージが可能となります。水晶クラスターと共にアメジストクラスターも有名です。

程よい黒光りがシックな石

健康効果の高いパワーストーンとして人気の高いブラックトルマリン。シックなカラーで使いやすいことも、人気の秘訣です。格調高いファッションにも自然に馴染んでくれます。もちろん男性にもおすすめです。

こんな人におすすめ！

🌙 健康が気になる人

健康運を高めてくれる石で、エネルギーの健やかな循環を助け、溜まったストレスなどの排出を促します。

🌙 人間関係が苦手な人

調和とバランスを司るブラックトルマリンは、人間関係に対する苦手意識を拭い去り、コミュニケーションを円滑にサポートします。

🌙 心を強くしたい人

誘惑や惰性などのマイナスエネルギーに引き込まれそうなときは、この石を持つと良いでしょう。眼前の出来事に惑わされない心の強さを養います。

🌙 言葉を使う仕事をしている人

ブラックトルマリンは言語の才能を開花させ、発想力を刺激しますので、特に文章を書く方や人と話すお仕事の方にぴったりの石です。

🌙 心を守る護符がほしい人

この石の持つ保護力は数あるパワーストーンの中でも非常に強く、経験を魂の成長につなげ、更なる困難に負けない強さを育みます。

組み合わせで願いが叶う！

自由な発想

1

ブラックトルマリン ＋ カイヤナイト

どこか深い夜空を連想させるスピリチュアルな組み合わせ。これまで自身を縛ってきた固定観念からの解放を助け、自由な発想をもたらします。

2

蓄財

ブラックトルマリン ＋ ガーデン水晶

「増やす」「貯める」のベストコンビ。地に足をつけて得られる、しっかりとした財産をもたらします。商売繁盛・事業成功のお守りとしてもおすすめです。

そこが知りたい
Q&A

＊

Q 値段が高い石のほうが
効果は高いの？

　お店などで目にするパワーストーンに関しては、安かろう悪かろうということはありません。一般的に売られている石は流通量も安定しているため、ほとんどの場合「採掘量＝価格」となります。天然の産物である石は、採掘量に限りがあるため、採れにくい石ほど値段が高くなっていきます。昨今では計画性のない鉱山の採掘で、ほとんど採り尽くしてしまったため、値段が急騰している石もあるようです。ごく一部の例外を除き、石の値段とパワーの強弱は関係ないと言えるでしょう。

　一部の例外、それはいわゆる「レアストーン」の領域です。有名なものでは「ラリマー」や「スーパーセブン」、「モルダバイト」などがそれにあたります。これらの石は採掘量が非常に限られており、世界中にコレクターが存在するため、お店に並べられる量がとても少ないのが現状です。そのため市場価値が高まり、非常に高い値段がつけられることも少なくありません。こういった石はエネルギーの特徴が少し異なっていて、持ち主をより選ぶ傾向があります。それだけ石自体が放つエネルギーは高く、その石を持つにふさわしい素質を備えていない人には石からのコールは届かず、持ったとしても「石酔い」のような状況になることがあると言われます。

＊

Q 毎日同じブレスレットを着けないと
効果がない？

　新しいブレスレットを迎えたときは、そのパワーストーンがあなたを持ち主と記憶し、エネルギーが馴染むまでの1〜2週間は、できるだけ着けてあげると良いと思います。その後は、日替わりでブレスレットを変えても問題ありません。むしろそのほうが良い場合があります。パワーストーンは多種多様なエネルギーを放っていて、不足しているエネルギーを補うサプリメントのような存在です。毎朝出かける前に「今日はこのブレスレットが着けたいな」と思った場合は、そのパワーストーンからコールがかかっている状態です。あなたがその日に足りていない部分を補い、一日中気持ちよく過ごすために力を貸してくれるでしょう。気になるものや気持ち良く着けられるものが複数ある場合は、一緒に着けてもかまいません。本数にルールはありませんが、一般的には3〜5本くらいを着けている方が多いようです。

勉強・スポーツ・勝負運UP

勝負強さを鍛えるパワーストーン。
理解力や能力の発揮を助け、
合格祈願のお守りとしても効果的です。

真理の道を照らす石

ガーネット
Garnet

産地	アメリカほか
結晶系	等軸晶系
成分	$Fe_3Al_2(SiO_4)_3$
硬度	7～7.5
買いやすさ	★★★★☆

目標を確実に達成したい人を
強く後押ししてくれる

　日本語で『ざくろ石』と表現されるように、熟したざくろのような真紅の色味が大変印象的な石です。1月の誕生石としても有名なガーネットですが、信頼と愛情の石としても知られ、大切な人との永遠の絆を結ぶパワーを秘めています。人生に多くの実りを与えてくれるという幸福の石です。持ち主に正しい決断力と勇気を与えるとも言われており、ユダヤ教では「真理の道を照らす石」として信仰されていました。豊穣を司り、持ち主の努力に対する成果の実りを授けると言われ、目標達成のお守りとして人気のある石です。

浄化方法

お香やハーブで燻すスマッジング

アクセサリーを浄化用のお香や乾燥ハーブの煙にかざして浄化を行います。浄化用にはホワイトセージという乾燥ハーブが最も浄化効果が高くお奨めです。簡易的な代用品として、お仏壇用のお線香を使用しても構いません。

水晶クラスターを使った浄め方

クラスターとは沢山の結晶ポイントが集まる群晶水晶のことで、自身が強い浄化能力を備えているのが特徴です。このクラスターの上に天然石やアクセサリーを置くことで浄化や簡単なエネルギーチャージが可能となります。水晶クラスターと共にアメジストクラスターも有名です。

大人の女らしさが漂う、深みのある紅

ちょっぴり渋めの深い紅色を持つガーネットは、大粒でも派手になりすぎず落ち着いた雰囲気でまとめられます。さりげないアクセントにぴったり。合わせる石によって、シックにもキュートにもコーディネートできる石です。

こんな人におすすめ！

◗ 夢を実現する力が欲しい人

心に希望の火を灯し、やる気を引き出してくれるガーネットは、夢や目標を実現する強さと根気強さをもたらします。

◗ 恋愛を成就させたい人

ガーネットは恋の実を結ぶ豊穣の石です。愛する人へ愛を贈り、愛する人からの愛を受け取るという愛の循環をもたらしてくれます。

◗ 努力を結果に結び付けたい人

努力を実らせるパワーをもつガーネットは、自分の心の声に耳を傾け、夢の実現へと努力している人にとって、最高のサポーターになってくれるでしょう。

◗ 断る勇気が欲しい人

他人からの侮辱や思いやりを欠いた行動、自分の気持ちとは反した行動に対し、強く「NO」と言える強さを育んでくれます。

◗ 就職活動や受験を成功させたい人

努力を成果へとつなげてくれる努力の石ガーネットは、就職活動や受験などを成功させたい人にもぴったりです。

組み合わせで願いが叶う！

自信を育てる

1

ガーネット ＋ ラブラドライト

過去の失敗を許し、自分を信じるための勇気と信頼を育ててくれる組み合わせ。不屈の精神をもたらし、人生がもたらす困難に負けない新しいあなたの誕生をサポートします。

2

忍耐力 UP

ガーネット ＋ スモーキークォーツ

スモーキークォーツとのコンビネーションは、持ち主に前向きに粘り強く取り組む精神力と忍耐力を与えます。諦めやすい人、苦しい状況から逃げ出す傾向のある人におすすめ。

パワー全開の勝利の石

カーネリアン
Carnelian

産地	インド・ブラジル・インドネシアほか
結晶系	潜晶質
成分	SiO_2
硬度	7
買いやすさ	★★★★★

マイナスの力を吹き飛ばし
持ち主に行動力をもたらす

　燃えたぎる炎を思わせるオレンジ色のこの石は、ラテン語で「心臓」を意味します。ナポレオンが肌身離さず持っていたことから、精神面を強化し、願い事を叶える石として重宝されています。また、持ち主に行動力を与えるとされ、これから新しいことを始めようとする人に特におすすめの石です。カーネリアンがモチベーションを高め、好奇心を刺激してくれるでしょう。

　行動を成功へつなげるパワーがあると言われ、勝利のお守りとしても人気があります。

浄化方法

塩を使った浄め方

自然塩（海塩よりも岩塩の方が良い）を木やガラスのケースに入れ、その中に一昼夜パワーストーンやアクセサリーを埋め込む方法です。その後取り出し流水で軽く流した後、やわらかな布で拭き取ります。

水晶クラスターを使った浄め方

クラスターとは沢山の結晶ポイントが集まる群晶水晶のことで、自身が強い浄化能力を備えているのが特徴です。このクラスターの上に天然石やアクセサリーを置くことで浄化や簡単なエネルギーチャージが可能となります。水晶クラスターと共にアメジストクラスターも有名です。

生命力に満ちた若々しさをプラスする

太陽のような生命力溢れるオレンジ色をしたカーネリアンですが、とても上品な輝きを持つため、女性らしくエレガントなアクセサリーとなります。大人っぽく身に着けるなら、色味が明るく透明感のあるものがおすすめです。

こんな人におすすめ！

とにかく元気を出したい人

カーネリアンのエネルギーに触れると、自ずと「よし、頑張ろう！」という前向きな気持ちになります。仕切りなおす元気が欲しい時、この石から元気をもらってみて下さい。

成功をスピードアップさせたい人

言葉ではなく行動で自分を表現する喜びに目覚め、信念を夢に、目標を現実に変えていく躍進力を引き出します。

新しく何かに挑戦したい人

恐れや不安を取り除き、意思と直結した行動力で新しいチャレンジの成功を後押しします。

会社経営に携わっている人

まっすぐと本質を見抜く力と、チャレンジスピリットをもたらしてくれるカーネリアンは、会社経営に携わる方にぴったりです。

セクシャリティな魅力をアップさせたい人

秘めた情熱をもたらし、内側から湧き出るような性的な魅力を引き出します。積極性も高まるので、新しい恋をはじめたい人に特におすすめです。

組み合わせで願いが叶う！

積極性を高める

1

カーネリアン ＋ ルチルクォーツ

カーネリアンとルチルクォーツは積極性を高め、好奇心や興味を実行へ移し人生の開拓を手伝ってくれます。明るい未来のビジョンを見せ、人生の前進を力強くサポートしてくれるでしょう。

2

能力発揮

カーネリアン ＋ アラゴナイト

勇気を授けるカーネリアンと大事な場面での緊張をほぐすアラゴナイトは、能力発揮の名コンビ。持ち主に揺ぎない自信を与え、人生のステージアップを助けます。

心を解放し自由を与える石

サンストーン
Sun Stone

産地	インド・アメリカ・カナダほか
結晶系	三斜晶系
成分	$(Na,Ca)Al(Al,Si)Si_2O_8$
硬度	6 ～ 6.5
買いやすさ	★★★★☆

ハートを安心感で満たし、生きる希望を授けてくれる

　サンストーンは「太陽の石」の意味で、この石のもつエネルギーがムーンストーンと対照的であることに由来します。日本名でも同様に「日長石（にっちょうせき）」と呼ばれますが、正しい鉱石名としては「ヘリオライト（Heliolite）」です。これはギリシア語の「Helio（太陽）」から来ており、石自体もまさに太陽の如く、非常に活発で男性的なエネルギーを放ちます。人生に喜びを見出してポジティブな気持ちを呼び起こし、試練を乗り越える強さを与え成功や勝利へつなげます。

浄化方法

お香やハーブで燻すスマッジング

アクセサリーを浄化用のお香や乾燥ハーブの煙にかざして浄化を行います。浄化用にはホワイトセージという乾燥ハーブが最も浄化効果が高くお奨めです。簡易的な代用品として、お仏壇用のお線香を使用しても構いません。

水晶クラスターを使った浄め方

クラスターとは沢山の結晶ポイントが集まる群晶水晶のことで、自身が強い浄化能力を備えているのが特徴です。このクラスターの上に天然石やアクセサリーを置くことで浄化や簡単なエネルギーチャージが可能となります。水晶クラスターと共にアメジストクラスターも有名です。

艶やかな太陽石

長石系に属するサンストーンは、太陽のように鮮やかな中にもミルキーで女性的な雰囲気を醸し出す石です。同じ長石系のラブラドライトやムーンストーンとの相性はとても良く、しっくり馴染み柔らかい印象に仕上がります。

こんな人におすすめ！

🌙 ポジティブになりたい人

「太陽神」とのつながりをもたらし、太陽の持つポジティブなエネルギーが持ち主に降り注ぎます。ふさぎこんだ心に活力を与え、気分を前向きにしてくれます。

🌙 裏表のない自分でありたい人

自己肯定を助ける石。自分らしさを表現することに対する罪悪感を消し去り、自分に正直に生きることができるようサポートします。

🌙 逆境を乗り越えたい人

持ち主とともに、決して曲がらない信念を支え、逆境においても平然と立っていられる精神的な強さを養います。

🌙 スポーツをする人

努力と行動に対して、それを成功へと結び付けてくれるサンストーン。大切な試合の時には日々の練習の成果を存分に発揮させてくれます。

🌙 小心さを卒業したい人

この石が放つ雄大なビジョンに触れると、恐れから解放され、安心感が身を包んでくれるでしょう。

組み合わせで願いが叶う！

勝負強さ

1

サンストーン ＋ タイガーアイ

決断力と行動力を与えてくれるサンストーンとタイガーアイの組み合わせは、逆境にも負けない勝負強さと幸運をもたらしてくれるでしょう。

2 **自己成長**

サンストーン ＋ ブラックスピネル

ともに天の恵みを授ける石。霊性を高め、魂の成長を助けると言われます。思い描く理想の現実化を助け、自己成長を促します。

強い生命力を持つ軍神マルスの象徴

ヘマタイト

Hematite

産地	イギリス・イタリア・ブラジルほか
結晶系	六方晶系
成分	Fe_2O_3
硬度	5〜6.5
買いやすさ	★★★★★

自信と情熱、勇気を与え
願望の達成をサポート

　切断すると赤い粉が飛び散ることから、血液と結び付けて語られることの多い石です。古代ローマの兵士たちがお守りとして身に付け、軍神マルスの象徴とされていました。その後、同じくマルスにちなんで名付けられた赤い惑星・火星（Mars）から、大量のヘマタイトが発見されました。この驚くべき事実は、まるでこの石が遠い昔から火星を指し示していたようで、引き合う運命の強さを感じさせます。宇宙的とも言えるこの石は、持ち主に勇気と自信を授け、困難の向こうにある勝利へ導くパワーがあると言われます。

浄化方法

お香やハーブで燻すスマッジング

アクセサリーを浄化用のお香や乾燥ハーブの煙にかざして浄化を行います。浄化用にはホワイトセージという乾燥ハーブが最も浄化効果が高くお奨めです。簡易的な代用品として、お仏壇用のお線香を使用しても構いません。

水晶クラスターを使った浄め方

クラスターとは沢山の結晶ポイントが集まる群晶水晶のことで、自身が強い浄化能力を備えているのが特徴です。このクラスターの上に天然石やアクセサリーを置くことで浄化や簡単なエネルギーチャージが可能となります。水晶クラスターと共にアメジストクラスターも有名です。

渋い光沢が魅力の
個性派ストーン

ヘマタイトは重量感のあるメタリックな光沢が特徴です。その輝きは男性にも人気が高く、多くのアクセサリーに使われています。光をよく反射し宇宙的なイメージをプラスできるので、個性的なブレスレットの仕上げにおすすめです。

こんな人におすすめ！

🌙 人生で勝利を収めたい人

勝利の石ヘマタイト。競争心ばかりを高めるのでなく、周囲の協力を引き寄せる求心力と人間性を引き出し、勝利をサポートします。

🌙 他人の意見に左右されてしまう人

自分の中から沸きあがる声に信頼を与え、周囲や世間の考え方に惑わされない強い意志を養います。他人の意見に振り回されがちな人におすすめです。

🌙 自分を信じる強さが欲しい人

自分の理想像や将来の希望に焦点を合わせ、それを信じる力を与えてくれます。また信念を共にする人間を引き寄せてくれるとも言われます。

🌙 強靭な心身を手に入れたい人

ヘマタイトは心身に活力を与え、勇気とやる気をもたらします。エネルギーを整え、強い精神力とそれに呼応する健やかな肉体を助けます。

🌙 弱点を克服したい人

弱みを強さに変える智恵と、現状を打破し、前進する精神的な強さを呼び起こします。

組み合わせで願いが叶う！

閃きをもたらす

1

ヘマタイト ＋ 天眼石

「第三の眼を開く石」とも呼ばれる天眼石はヘマタイトとの相性も抜群。高次の存在のサポートを受け、閃きやアイデアを引き出します。

困難の克服

2

ヘマタイト ＋ ガーネット

軍神マルスの石といわれるヘマタイトは持ち主の心に勇敢さと行動力をもたらします。豊穣の実りを授けるガーネットとともに困難に負けない強さを授け、その先のゴールへ後押しします。

頭脳明晰の石

フローライト

Fluorite

産地	アメリカ・中国・イギリスほか
結晶系	等軸晶系
成分	CaF_2
硬度	4
買いやすさ	★★★★★

脳を活性化し、
思考力をサポートする知性の象徴

　フローライトの語源はラテン語で「流れる」を意味する「fluere」。流れ行く小川のように清らかで儚い姿を持ちながら、内に秘めたエネルギーはまるで滝のような強い力を持つ石です。フローライトは感性の石であり、子どものような何者にも縛られない自由な想像力に刺激を与える一方、未知のものへの理解を助ける知性の石でもあります。経験と好奇心を結びつけ、枯れることのない自由な発想を生み出すと言われています。

浄化方法

お香やハーブで燻すスマッジング

アクセサリーを浄化用のお香や乾燥ハーブの煙にかざして浄化を行います。浄化用にはホワイトセージという乾燥ハーブが最も浄化効果が高くお奨めです。簡易的な代用品として、お仏壇用のお線香を使用しても構いません。

水晶クラスターを使った浄め方

クラスターとは沢山の結晶ポイントが集まる群晶水晶のことで、自身が強い浄化能力を備えているのが特徴です。このクラスターの上に天然石やアクセサリーを置くことで浄化や簡単なエネルギーチャージが可能となります。水晶クラスターと共にアメジストクラスターも有名です。

身に着けるなら

フローライトならではの豊かな色彩

和名で「蛍石」の名を持つフローライト。その名の通り、蛍の光のような輝きが見る者を癒します。誰からも好まれる穏やかなカラーが非常に人気の高い石です。ブレスレットはもちろんペンダントにもおすすめです。

こんな人におすすめ！

🌙 思考力を高めたい人

余計な考え、古い固定観念を解放し、思考力を高めてくれます。頭がクリアになった分、良いアイデアや新しい考えを組み立てることができるようになります。

🌙 新しい知識の吸収を高めたい人

知識に対する欲求と集中が高まり、包み込むように大きく、見逃すことなく丁寧に新しい学びをどんどん吸収していくでしょう。

🌙 迷いや葛藤を乗り越えたい人

邪念や迷い、未来への恐れを洗い流し、なかなか前に進むことができない時は現状を打破し物事をスムーズに流してくれます。

🌙 受験や試験を控えている人

緊張を緩和し、能力の発揮を助けます。頭がすっきりクリアになり、試験本番にも努力の成果を発揮できるようサポートしてくれます。

🌙 謙虚な気持ちを忘れないようにしたい人

凝り固まった考えや思考回路を解きほぐす力を持っているフローライトは、思考に柔軟性を与えてくれます。いつまでも謙虚に学び続けたい人におすすめです。

組み合わせで願いが叶う！

理解力 UP

1

フローライト ＋ カイヤナイト

まだ眠っている能力を引き出すカイヤナイトとのコンビネーションは、新しい視点を引き出し物事の理解力を高めます。また思考をクリアに保ち、知識の吸収を促します。

2

集中力 UP

フローライト ＋ アメジスト

邪念を払うフローライトと集中力を高めるアメジストが互いに相乗効果をもたらし、集中力の持続をサポートします。

パワーストーンのプロが教える

ちょっとした話 2

*

パワーストーンの価値って？

　今回はインクルージョンやクラックと、市場における石の価値についてお話しします。日々パワーストーンに触れている私が一番お伝えしたいのは、個々の石が今ある状態でパーフェクトな存在だということです。確かにインクルージョン（内包物）やクラック（ひび）が一切ない石は高額で取引され、流通における価値も高いという点に間違いはありません。しかしそれはあくまで人間が後から付けた評価であり、それだけでパワーストーンの価値を評価してしまう流れは悲しいことです。

　インクルージョンとはひと言でいえば、石に混ざった他種の鉱物。生成の過程で他の石を取り込み、一体化した状態なのです。そしてクラックとは生成の過程で生まれた偶然の産物です。そう思うと、急にこれらの要素が愛おしく思えてきませんか。事実、マニアな人ほど、珍しいインクルージョンやクラックが見せる光の効果（レインボーなど）に魅せられる人は多いです。世界中で生まれたそれぞれの石たちが、不思議な縁で私たちの住む街へ来てあなたとの出会いが生まれる。その奇跡のような瞬間を純粋に楽しんでほしいと強く願っています。

　パワーストーンを着けるとき、一番大切なことはその石があなたの心を開き、ワクワクさせてくれるかです。新しいパワーストーンを迎える時は、ぜひ自分の心を信じ、あなたのハートが惹かれた石を選んであげてくださいね。

もっとスピリチュアルに

高次元との繋がりをサポートし、
神秘的な能力の開花を助けます。
インスピレーションをもたらし、感性を高めます。

産地	南アフリカほか
結晶系	六方晶系（粒状集合体）
成分	$KNa_2(Fe^{2+},Mn^{2+},Al)_2Li_3Si_{12}O_{30}$
硬度	5.5 ～ 6.5
買いやすさ	★★★☆☆

霊性を高める神秘の石

スギライト

Sugilite

高次元の存在との
チャネリングを助ける石

　所々に赤紫色のマーブルがかかっていて、なんとも言えない魅惑的な雰囲気を醸し出しています。そのミステリアスな外見に相応しく、未来を予測するなどの霊的なパワーを強く秘め、数あるパワーストーンの中でも特異な石の一つです。

　霊性を高め、高次元とのコネクションを手助けすると言われ、特にスピリチュアルカウンセラーや占い師に人気があります。その強力な除去作用でマイナスエネルギーを跳ね除けて精神を安定した状態へと導いてくれます。

浄化方法

お香やハーブで燻すスマッジング

アクセサリーを浄化用のお香や乾燥ハーブの煙にかざして浄化を行います。浄化用にはホワイトセージという乾燥ハーブが最も浄化効果が高くお奨めです。簡易的な代用品として、お仏壇用のお線香を使用しても構いません。

水晶クラスターを使った浄め方

クラスターとは沢山の結晶ポイントが集まる群晶水晶のことで、自身が強い浄化能力を備えているのが特徴です。このクラスターの上に天然石やアクセサリーを置くことで浄化や簡単なエネルギーチャージが可能となります。水晶クラスターと共にアメジストクラスターも有名です。

身に着けるなら

マーブル模様が魅惑的な宝石

それぞれが個性的なスギライトですが、一般的なものは濃い紫色にマーブル模様が入ったミステリアスな風貌です。比較的歴史の浅い石ですが、アクセサリーとして高い人気があります。色合いが落ち着いているので、幅広い年齢層におすすめです。

こんな人におすすめ！

☽ 魂レベルでの癒しを求める人

東洋最強のヒーリング効果を持つスギライト。心身のストレスを癒すのはもちろん、前世から受け継がれ、魂にまで深く刻まれた囚われも癒すと言われています。

☽ 自分の負の部分も 受け入れたい人

落ち込みやすい、イライラしてしまう、小さな嘘をついてしまう…そういった負の部分を認め、優しく包み込む強さを与えてくれます。

☽ 霊的な能力を高めたい人

天からの神聖なパワーを強く受け継いだ石と呼ばれ、この石を持つことでスピリチュアルゲートを開き、霊的な能力が高まると言われます。

☽ 芸術的な才能を開花させたい人

既成概念で出来上がった自分の中のブロックが外れ、芸術的な才能を引き出します。創造力や芸術的なインスピレーションが湧き上がるよう促してくれます。

☽ トラウマを克服したい人

悲しみや孤独、傷付いた過去を深く癒してくれる石です。過去のトラウマ経験を解きほぐし、日々の生活に喜びや感動を取り戻す手助けをしてくれます。

組み合わせで願いが叶う！

感性を高める

1

スギライト ＋ チャロアイト

新しいビジョンとインスピレーションをもたらす組み合わせ。ストレスやエネルギーの干渉でバランスを失ったときには本来の感性への回復を助けます。

「気づき」を促す

2

スギライト ＋ ガーデン水晶

高次の存在とのコネクションをサポートし精神の成長を促します。森羅万物への「気づき」をもたらすスピリチュアルな組み合わせ。

インスピレーションをもたらす奇跡の石

ラブラドライト
Labradorite

産地	カナダ・マダガスカル・フィンランドほか
結晶系	三斜晶系
成分	(Ca,Na)(Si,Al)$_4$O$_8$
硬度	6〜6.5
買いやすさ	★★★☆☆

アンテナを広げ、
ハイヤーセルフとの繋がりをサポート

　18世紀前半に、カナダのラブラドール半島で発見された石です。一見すると平坦なグレーですが、角度を変えるとブルーやグリーンの色合いが表れます。非常に深みのあるその輝きは「ラブラドレッセンス」と呼ばれ、他にはない神秘的な雰囲気を醸し出しています。聖職者によって発見されたことから、神が選ばれし者に託した「神秘の石」だとも言われています。持つ人のインスピレーションを高め、隠れた才能を引き出してくれるでしょう。

浄化方法

お香やハーブで煙すスマッジング

アクセサリーを浄化用のお香や乾燥ハーブの煙にかざして浄化を行います。浄化用にはホワイトセージという乾燥ハーブが最も浄化効果が高くお奨めです。簡易的な代用品として、お仏壇用のお線香を使用しても構いません。

水晶クラスターを使った浄め方

クラスターとは沢山の結晶ポイントが集まる群晶水晶のことで、自身が強い浄化能力を備えているのが特徴です。このクラスターの上に天然石やアクセサリーを置くことで浄化や簡単なエネルギーチャージが可能となります。水晶クラスターと共にアメジストクラスターも有名です。

身に着けるなら

幻想的で艶やかなシラーを持つ石

グレーの石を傾けると、幻想的なグリーンとブルーのシラーが現れるラブラドライト。まるでシルクを纏っているような独特の質感が魅力的です。中性的な雰囲気を醸し出し、女性でも大き目なものを違和感なく着けられる貴重なストーンです。

こんな人におすすめ！

🌙 自分の本当の力を発見したい人

シラーと呼ばれる神秘的な光が持ち主の潜在意識に働きかけ、秘められた能力を引き出し、本来の力を発揮できるようサポートしてくれます。

🌙 潜在意識に刻まれたトラウマを手放したい人

過去の辛い出来事や傷つけられた経験から深く潜在意識に刻まれてしまったトラウマを癒し、長い間閉じ込められてきた悲しみや孤独を解放してくれます。

🌙 直感力を高めたい人

宇宙とのつながりを強めると言われており、ひらめきや直感力を高めてくれる効果があります。また高次の存在とのコンタクトをスムーズにしてくれるとも言われています。

🌙 運命の人を引き寄せたい人

ラブラドライトは運命で繋がれた縁のある人との出会いをもたらす石です。恋愛相手に限ったことではなく、仕事のパートナーや親友といった信念を共にする仲間を引き寄せます。

🌙 広い視野を手に入れたい人

この石のもつ陰と陽のパワーが感性を刺激し、「良い、悪い」だけの判断ではなく、物事を広く見つめ、中庸を導き出してくれる石でもあります。

組み合わせで願いが叶う！

自己嫌悪を解消

1

ラブラドライト ＋ アクアマリン

失った自信の回復にはラブラドライトとアクアマリンがおすすめ。過度の自責から持ち主を解放し、自己を含めた全ての存在を肯定し、自信を育みます。

2

人に恵まれる

ラブラドライト ＋ インカローズ

ともに「ソウルメイト」を呼び寄せると言われるラブラドライトとインカローズ。これは恋愛だけに限らず、人生をサポートしてくれる全ての人間との出会いをもたらします。

さくいん

あ

アイオライト……………………………………………… 46
アクアマリン………………………………… 8・31・63・125
アパタイト……………………………………………… 74
アベンチュリン………………………………………… 102
アマゾナイト………………………………… 23・60・87
アメジスト………… 9・10・15・19・25・53・81・97・119
アメトリン…………………………………………… 62・37
アラゴナイト………………………… 34・55・85・113
インカローズ…………………………… 12・21・27・125
エメラルド……………………………………………… 14
オニキス…………………………………………… 47・98

か

カイヤナイト……………………………… 48・75・107・119
ガーデン水晶…………………………… 75・107・123
ガーネット………………………………… 65・79・110・117
カーネリアン………………………………………… 71・112
クリソプレーズ………………………………………… 76
クンツァイト………………………………… 16・27・63
琥珀………………………………………………… 36

さ

サードオニキス…………………………………… 18・35
サファイア……………………………………………… 50
サンストーン……………………………………… 105・114
シトリン………………………… 35・38・55・69・97
水晶……………………………………………… 41・96
スギライト……………………………………… 65・122
スモーキークォーツ……………… 57・93・103・104・111
セラフィナイト…………………………………… 61・78
ソーダライト……………………………………………… 52

た

タイガーアイ………………………… 43・54・57・99・115
ターコイズ……………………………………… 83・90
チャロアイト…………………………… 41・80・87・123
天眼石………………………………………… 92・117

は

ハイパーシーン………………………………………………………… 51・56
ハウライト……………………………………………………………… 82
翡翠…………………………………………………… 15・37・40・77・103
ピンクエピドート……………………………………………………… 17・20
ピンクオパール……………………………………………… 13・22・25・31
ブラックスピネル………………………………43・51・64・95・105・115
ブラックトルマリン…………………………………………………… 106
ブルーカルセドニー…………………………………………………… 61・66
ブルーレース…………………………………………………………… 68
プレナイト…………………………………………………… 39・83・84
フローライト…………………………………………………………… 118
ヘマタイト……………………………………………………81・95・116

ま

ムーンストーン……………………………19・24・29・53・67・77・91
モルガナイト…………………………………………………9・26・69

ら

ラピスラズリ…………………………………………………… 49・93・94
ラブラドライト………………………………49・67・79・91・111・124
ラリマー……………………………………………………………… 86
ルチルクォーツ……………………………………… 39・42・47・99・113
ルビー………………………………………………………… 11・23・28
ローズクォーツ………………………… 11・13・17・21・29・30・71・85
ロードナイト…………………………………………………………… 70

監修

中園康弘

オンプリーズ代表。毎月数千人が訪れる占い館やパワーストーン専門店「バランガン」を運営。テレビや雑誌で活躍中の有名占い師が多数在籍。

バランガン

所在地 ★ 東京都豊島区東池袋 1-29-7 サンリッチビル 3F
電話 ★ 03-5927-8734

Staff

編集 ● 立川芽衣（ジェイアクト）
撮影 ● 松村賢浩（まつむらフォトスタジオ）
本文デザイン・DTP ● スタジオエビスケ・はやしたすく

幸せを引き寄せる パワーストーン実践 BOOK 組み合わせ&使いこなしの基礎と応用

2023 年 6 月 20 日　第 1 版・第 1 刷発行

監　修　　中園康弘（なかぞの やすひろ）
発行者　　株式会社メイツユニバーサルコンテンツ
　　　　　代表者　大羽孝志
　　　　　〒102-0093東京都千代田区平河町一丁目1-8
印　刷　　株式会社 厚徳社

ご意見・ご感想はホームページから承っております。
ウェブサイト　https://www.mates-publishing.co.jp/

編集長：堀明研斗　企画担当：折居かおる／千代 寧

※本書は2013年発行の『願いがかなう！パワーストーンBOOK 石の力を引き出す使い方・組み合わせがわかる本』を元に内容の確認を行い、書名・装丁を変更して新たに発行したものです。